PIEMME
POCKET

TIZIANA MERANI

Devo comprare un mastino

PIEMME POCKET

15033 Casale Monferrato (AL) - Via Galeotto del Carretto, 10
Tel. 0142/3361 - Fax 0142/74223
www.edizpiemme.it

Ai miei cari

Chi è buono,
ben presto sarà bello.
SAFFO

Maggio

Devo comprare un mastino. Brutto, bruttissimo, con molta bava alla bocca.

Di sicuro poi mi toccherà pulire le sue scie di saliva, ma sono certa che non me ne pentirò.

Ne voglio uno che abbai e morda.

Se sarà necessario, gli insegnerò io. A mordere.

Il giardino dove tenerlo ce l'ho.

Certo, non ha le caratteristiche estetiche di quelli che vengono fotografati per riviste come «The Garden» o «Country Homes». Niente laghetto artificiale con le trote, né piante di bambù Kamuro-zasa a dare "un tocco di luce dorata al patio"...

Ma ci cresce l'erba, no? Quindi è un giardino. Un tempo c'era pure un cancello. Poi me l'hanno rubato.

«Ma in che quartiere vivi?» mi ha chiesto mia madre. «Come fanno a rubare un cancello senza che nessuno se ne accorga?»

Giuro che non lo so. Comunque quando ci sarà il mastino, sarà come se ci fosse il cancello. Gli scocciatori staranno alla larga.

È una storia complicata, come del resto tutte le storie che mi riguardano.

O riguardano i miei amici.

O le persone che ho sentito nominare.

O anche semplicemente i personaggi inventati dei libri che leggo. Ma se compro il cane lo faccio per un motivo serio, visto che io odio gli animali.

No, questo non si può scrivere, accidenti. È *incorrect*.

Politically, voglio dire.

E poi non è vero che li odio. Poveracci, non torcerei un capello – se li avessero – a nessun animale al mondo.

E da piccola dicevo le preghiere per tutte le bestioline uccise dai miei amici. Facevamo un sacco di funerali. Ricordo che una volta io e Betty avevamo voglia di fare un funerale, ma non c'era traccia di animali morti in giro. Così abbiamo finito per sotterrare una zampa di gallina che abbiamo trovato vicino ai bidoni dell'immondizia. Se la zampa era lì, probabilmente la gallina era morta, no?

Tornando agli animali, quindi, posso dire che sono contro la sperimentazione sulle bestie, che non compro pellicce vere, che non mangio molta carne, che non sterilizzerei mai un animale. Dio, che cosa tremenda. Ma ci pensate? Sterilizzare un animale! Che ha solo quattro o cinque gioie nella vita: bere, mangiare, dormire, fare cacca, pipì e *quella cosa lì*. Insomma il cane non può andare al cinema e dire: «Com'è figo stasera Tom Cruise!».

E neppure invitare gli amici per festeggiare il suo compleanno, o navigare su Internet, o che ne so, farsi una birra. Non scia, non pattina, non nuota, non canta, non suona il piano... Una vita da bestie, e noi vogliamo limitare la loro libertà sessuale.

Io non voglio animali in casa perché sono schizzinosa e non mi piace affondare la mano nel pelo di qualcuno.

(Non lo faccio nemmeno con le persone, quando sono tanto pelose, di mettere la mano sulla schiena e scompigliare la pelliccia.)

E non voglio che una creatura che non si pulisce i piedi prima di entrare in casa mi posi sulla spalla le stesse zampe che hanno calpestato tracce di sputi, caccole e via dicendo.

Perciò il mastino non metterà zampa in casa.

Magari gli farò sentire un po' di buona musica. Gli Smiths dovrebbero piacergli...

O forse qualcosa di più dolce, tipo Bic Runga...

Ma se ne starà lì fuori a mangiare la sua pappa e terrà lontani gli scocciatori.

Obiettivo: la qualità della mia vita deve migliorare.

Sono stanca di complicazioni.

Sono stanca di persone incasinate che mi terrorizzano.

(Per esempio apparendo di colpo davanti alla finestra del bagno mentre sto facendo la doccia.)

Voglio una vita regolare.

E un mastino.

Sono andata su Internet e ho cercato "mastino". Una parola sola, facile, pochi sinonimi. Ti aspetti di avere subito un elenco di siti di zoologia, cinofilia e simili. Invece no. È saltato fuori di tutto. Per cominciare il libro di Arthur Conan Doyle, *Il Mastino dei Baskerville*. Guarda caso l'ho letto e di colpo mi è venuta in mente l'immagine di un enorme, feroce mastino nero con gli occhi rossi che corre nella campagna inglese di notte. E non ero più tanto sicura di volere un mastino.

C'era persino un sito di mutande da uomo con "cuciture rinforzate" di marca Mastino. Perché uno dovrebbe desiderare mutande con cuciture *rinforzate*?

Poi c'era l'agenzia investigativa "L'occhio del mastino". I mastini ci vedono meglio? O forse hanno una passione per ficcare il naso negli affari degli altri? Finalmente un sito sui cani: Dogworld. Che, colpa della mia deformazione professionale, ho subito tradotto in italiano e il nome suona come "Mondo cane".

Una specie di imprecazione.

Non è un bell'inizio, no?

Ecco cosa scrivono:

Cane di grande mole. La sua conformazione è quella di un pesante brachimorfo.

Carattere forte e leale, comportamento vigile, intelligente, nobile e maestoso...

Io ho cercato di immaginarlo mentre piantona casa mia, eretto, con lo sguardo vigile, il suo quoziente d'intelligenza bello alto, il cipiglio nobile e il mento sollevato in maniera maestosa.

E dico la verità, mi sono sentita un po' a disagio.

Chi comanderà poi?

Io o lui?

Non ingiustificatamente aggressivo o mordace.

L'avverbio mi mette in crisi. E se i nostri punti di vita non coincidono?

Caro diario,

Sarah dice che non dovrei scrivere un diario su un dischetto del pc.

Dice che dovrei scrivere a penna su fogli di carta. Che un diario è una cosa su cui si lasciano tracce di sé, anche corporee. Be' a dirla così fa un po' schifo, ma ho capito cosa vuole dire, roba tipo lacrime, odori ecc.

Dice che inoltre se uno non è convinto di quello che aveva scritto un mese prima, sul computer può correggere e riscrivere le pagine della propria vita.

«Embe'?» ho chiesto io.

«Non capisci?» ha risposto lei. «Un diario è qualcosa che puoi stringere al petto, è... è un amico.» Quando se n'è andata ho provato a stringere il floppy disk al petto ma mi sentivo un po' idiota. Così ho iniziato questo nuovo diario. Ma siccome sono una sentimentale, ho avuto compassione del mio dischetto che se ne stava immobile e sull'attenti nella scatolina, senza protestare, con la sua bella scritta "Top Secret" sull'etichettina adesiva. Così ho deciso che li terrò entrambi. Quello sul floppy sarà il mio diario vero (dove correggerò le cose scritte un mese prima, che a posteriori non mi piacciono), mentre questo diario cartaceo sarà una cosa più letteraria.

Mi ispirerò ai grandi diari della letteratura e della storia, tipo... ora come ora non mi viene in mente il diario di nessuno che non sia già morto, o che non abbia scritto di prigioni, campi di concentramento, torture.

Non voglio scrivere cose deprimenti. A essere sincera il mio modello preferito di diario è quello di Gian Burrasca, o magari di Adrian Mole, ma il primo aveva dieci anni e il secondo tredici anni e tre quarti. Inoltre quelli sono personaggi inventati. [Questa cosa non avrei dovuto scriverla, non ci faccio una bella figura...]

Non capita anche a voi qualche volta di svegliarvi al mattino con la sensazione che qualcosa di meraviglioso stia per accadere nella vostra vita?

È perché siamo ottimisti, ed è un bene, credetemi.

A volte però mi chiedo se l'atteggiamento del bicchiere mezzo pieno non sia un'arma a doppio taglio.

Il cameriere si avvicina, inclina appena la testa e ti chiede: «Acqua?».

Tu sorridi radiosa e rispondi: «No grazie, ho il bicchiere ancora mezzo pieno».

Lui si allontana e va a versare nei calici dei pessimisti.
Scoli quel mezzo dito d'acqua che basta appena a bagnarti le labbra e rimani assetata per il resto della festa...

Prendiamo Natale.

Se sei ottimista e qualcuno ti porge un pacchetto che ha la forma di un cd, subito pensi all'ultimo disco dei Calling e sorridi riconoscente. Poi mentre lo scarti, ti accorgi che è un misero compact disc vergine. Per di più non riscrivibile! Per l'umiliazione arrossisci e con la voce che trema pronunci frasi tipo: «Meno male! Ho un sacco di roba da scaricare da Internet...».

Ma la frase suona falsissima e ti chiedi come hai fatto a ricaderci un'altra volta: sono per lo meno sei Natali di seguito che questo qualcuno alterna cd vergini, confezioni economiche di incenso e portafoto di plastica trasparente.

È perché sei ottimista.

Ti aspetti il meglio.

Il pessimista invece si sveglia già con la fronte aggrottata, scrive cose baudeleriane («...*sono geloso della sorte degli animali più vili, che almeno possono abbandonarsi a un sonno beota...*») e ogni piacevole evento per lui è una vera sorpresa.

Per tornare a stamattina, dunque, avevo questa sensazione. Il sole filtrava dalle persiane e fuori si sentivano gli uccellini che cinguettavano.

Sarà una giornata fantastica, mi dico, mentre scendo dal letto e... è in quel preciso momento che ricordo l'appuntamento col dentista.

A ruota mi vengono in mente la traduzione di un dépliant in francese che devo finire entro due ore e una noiosissima conferenza stampa alla quale non ho scuse per non presentarmi.

Delle tre cose la prima è quella che temo di più.

Così l'affronto per prima e marcio risoluta verso il telefono.

«Studio del dottor Finisi e della dottoressa Zucchi, buongiorno.»

«Pronto, sono Francesca Soprani.»

«Mi dica...»

«Dovrei rinviare un appuntamento fissato per stamattina. Ho un contrattempo urgente e non riesco proprio a venire, mi dispiace...»

«Attenda, le passo il dottore.»

«No, aspetti!» urlo.

Niente, è già andata.

Non voglio parlare al dottore. Mi fa paura.

«Sì? Chi parla?»

Mio dio, la terribile voce dell'uomo dei trapani...

«Buongiorno, sono Francesca Soprani» balbetto.

«È la terza volta questo mese» dice seccato.

«Sì, ma questa volta è un problema piuttosto urgente» tento di spiegare.

Tace e aspetta.

Mi sforzo di pensare a qualcosa di commovente.

«Ho un piccolo intervento chirurgico» dico infine.

Solo che la voce non suona lamentosa o preoccupata.

Anzi, a dire il vero se n'è uscita fuori quasi con una nota di allegria. Come se i piccoli interventi chirurgici fossero un momento lieto da condividere con gli amici.

«Niente di grave, spero» dice. Finalmente un'ombra di tono comprensivo.

Uffa, l'ho convinto.

«No, devo togliere un...»

Cosa? Non mi viene in mente niente.

Non posso certo rispondere "un dente"!

«Sì?» mi incoraggia lui.

Be', ve lo giuro, non so come mi sia uscita fuori. Dev'essere stato il nervosismo.

«Prostata» dico.

Silenzio imbarazzato da parte del dentista.

«Le donne non hanno prostata» replica asciutto.

«Un'ernia» mi correggo. «Che stupida, ho detto prostata...»

E intanto mi appoggio al muro per sorreggermi.

«Auguri, allora» dice. E butta giù il telefono. Ma il tono è di uno che non mi crede.

E difatti non ho nessuna ernia, né prostata, né callo supplementare.

Fa bene a non credermi.

Sono una persona immatura.

Una che prende appuntamento coi dentisti e poi non si presenta perché ha paura del trapano e dell'ago dell'anestesia.

Però ora mi sento l'anima leggera come quella di un neonato.

Adesso posso godermi la colazione in pace. Metto un cd di Katie Melua e vado in cucina.

Mi piace la colazione. È un po' il pasto della tranquillità.

Nessuna telefonata, nessun visitatore alla porta. Di solito mi preparo un bel cappuccino con fette biscottate e marmellata ai mirtilli. Altre volte divoro una crostata che mia nonna prepara con le sue mani e insiste a volermi propinare quando vado a trovarla. Avete presente quelle cose che fanno ingrassare anche solo annusandole da una stanza vicina?

Sono al secondo boccone, quando qualcuno suona alla porta. Guardo l'orologio. Otto meno un quarto. Possibile che il postino abbia anticipato di un'ora?

Apro e vedo Vasco in piedi sulla soglia con i giornali del mattino e un sacchetto di focaccia. Ha chiaramente l'aria di uno che si è invitato per la colazione.

«Allora? Come stai?» chiede con gran calore, come se non ci vedessimo da mesi.

Vasco è un amico d'infanzia. Ci conosciamo dai tempi dell'asilo e lo incontro praticamente tutti i giorni al bar dove prendo il caffè. Lui lavora lì.

«Sto facendo colazione» dico, tentando di sorridergli a mia volta.

In realtà vorrei che si togliesse immediatamente dai piedi.

Giel'ho detto mille volte che non mi piace socializzare prima delle dieci di mattina. Come fa a dimenticarsene sempre?

E poi anche se è solo un vecchio amico non voglio che mi veda con i capelli scarmigliati e il pigiama addosso. Ho comunque un'immagine da difendere, no?

«Sei fortunata, dannazione...» dice. «Ecco l'uomo delle colazioni a tua disposizione.»

Poi se ne va in cucina.

«Sono a posto, grazie Vasco» dico, seguendolo. «Stavo già mangiando.»

Capterà il messaggio?

«Siediti, Francesca. Ti ho detto che ci penso io, no? Intanto prepariamo il caffè... Cos'è quest'oscenità che hai nella tazza? Caffè solubile?»

Si dà il caso che a volte io desideri proprio l'osceno caffè solubile...

«Ta-da! T'ho beccata! Visto che il vecchio Vasco ti serve?» dice puntando l'indice verso il mio naso.

Poi afferra la tazza col mio caffè, la rovescia nel lavandino e la sciacqua accuratamente. Indi me la risistema sotto il mento.

«Tra pochi minuti vero caffè e focaccia calda!» mi dice bello allegro.

«È che al mattino preferisco roba dolce...» tento di spiegare.

«Non penserai che mi mangi tutta la focaccia da solo?» chiede. E intanto mette via il piatto della torta. «Ne ho comprata a sufficienza per due.»

Ho un nodo in gola ma mi do un contegno.

Sarebbe infantile mettersi a fare storie per la torta.

Poi fa una cosa che non sopporto. Si siede, apre il giornale e mi mostra gli orrori planetari del giorno.

«Hai visto questa? Era allergica al pesce, lo ha mangiato ed è andata all'altro mondo...»

«Vasco, per favore, chiudi il giornale...» dico, facendo due o tre volte le corna con la mano destra e toccando il calorifero con la sinistra. «Non mi piacciono le brutte notizie.»

«Brutte notizie?» ripete lui, studiandomi con curiosità.

«Perché, c'è qualcosa di divertente lì sopra?» chiedo innervosita.

«Non so, non l'ho ancora letto...»

«Cos'è 'sta roba che ascolti?» chiede. «Musica terapeutica?»

«Molto divertente, Vasco. Non è che già di prima mattina uno abbia voglia di stirarsi i capelli con gli Slipknot.»

«No? E perché?» chiede.

Ma nel frattempo la sua attenzione è già stata attratta dalla scatola del mio caffè.

Si avvicina, si abbassa per leggere l'etichetta e infine scuote la testa con disapprovazione.

«Hai visto cosa scrivono?» dice indicando col dito.

«Eh?»

«Leggi qui, "nuovo aroma, più intenso"! Che bastardi. Più intenso di cosa? Di quando? E tu come fai a sapere se è vero? Lo compri ed è il solito piscio di gatto al gusto di caffè.»

Vasco è un ragazzo intelligente, simpatico, persino sexy, ma aver fatto volontariato presso un'associazione che tutela i consumatori lo ha cambiato. La sua vita è costellata da lettere di proteste, minacce telefoniche, sit-in solitari rivolti all'azienda di turno.

«C'è il numero verde» dice schizzando deciso verso il telefono. «Ora li chiamo.»

«Aspetta, potremmo bere il caffè prima...» ma non ho tutta la sua energia. Lo so che non ce la farò a fermarlo.

«No, meglio farla subito 'sta cosa» dice. Afferra il mio telefono e compone il numero.

Perfetto, così in memoria resta il numero della sottoscritta. Mi concentro per inviargli un messaggio telepatico del tipo: Vattene! Lasciami finire la mia colazione in pace!

Ma non c'è campo.

«Servizio consumatori?» esordisce. «Senta dovrei fare un reclamo, rispetto a uno dei vostri caffè solubili... Sì, sì, certo che aspetto.»

Poi si gira verso di me, indica col dito la cornetta e mi schiaccia l'occhio con complicità.

«Sì, chiamo per il caffè solubile. La nuova confezione porta la scritta "Oggi aroma ancora più intenso". In realtà l'aroma è esattamente lo stesso di sempre, lo sapete anche voi, no?»

«...»

«Come sarebbe a dire che non è vietato? Se lei scrive "nuovo aroma", deve giustificare questo tipo di informazione...»

«...»

«Certo che lo so, ma quella è pubblicità. Queste invece sono informazioni che compaiono sull'etichetta. Il consumatore crede che siano informazioni vere...»

«...»

«Si tratta di caffè istantaneo al 100%. Lo stesso da sempre. Come fa ad avere un nuovo aroma più intenso? Lo voglio sapere, è un mio diritto!»

«...»

«Be', c'è qui la mia amica Francesca Soprani che scrive sui giornali. Magari adesso fa un bell'articoletto su questa faccenda, brutta testa di cazzo!»

A questo punto gli prendo il telefono di mano e metto giù la cornetta.

Non ci posso credere!

Mi ha citata nome e cognome, mentre lui non si è nemmeno preso la briga di presentarsi sotto falsa identità!

«Vasco, basta. Voglio fare colazione.»

Mi guarda e finalmente capisce. Devo avere l'espressione della strega cattiva di Hänsel e Gretel, perché diventa di colpo remissivo.

«Okay, d'accordo. Ma avresti dovuto...»

Inspira ed espira, ricordi? Tredicimila volte e ti sentirai meglio...

«Ne parliamo dopo» dico, abbozzando un sorriso.

Una volta ho letto che se una persona è cattiva ce ne si accorge anche quando sorride. Così ce la metto tutta per non farlo sembrare il sorriso di una megera che sta per avvelenarlo.

Non voglio essere cattiva.

Vasco è un amico.

«Godiamoci il caffè, vuoi?» dico, ammansita dai miei pensieri.

"Godiamoci" non è proprio il termine più appropriato. Versiamo il caffè in silenzio e io tento di rilassarmi contando le piastrelle della cucina.

«Non dovevo dire che avresti scritto un articolo?» chiede.

«Già» annuisco. «Non è giusto abusare di quel minimo di potere che ti dà una professione, no?»

«Scusa, non ci ho riflettuto» dice. Ma vedo che in realtà non è per nulla contrito.

«Non ci pensiamo più. Bevi il caffè.»

«È diventato freddo, vuoi che ne prepari un altro?» chiede.

«No, è tardissimo» rispondo alzandomi in piedi. «Ho un appuntamento e sono in ritardo.»

Sto mentendo.

E senza sensi di colpa.

Anzi, ho voglia di amplificare al massimo la bugia.

«Dove vai?» chiede lui.

«Devo incontrare un esperto di anatre» dico asciutta.

Non sai nulla dell'argomento, vero?

«Che tipo di anatre?»

«Oche delle nevi delle isole artico-canadesi. 'Sto tizio mi illustra le influenze dei campi magnetici sul volo durante la migrazione. È per un servizio su... su "Airone".»

Mi spiace fare così, ma devo esorcizzare.

«Okay, allora ci vediamo dopo al bar» dice sconsolato. «Ti devo un caffè.»

Se ne va, portandosi via tutta la focaccia e dimenticando sul tavolo il giornale del mattino.

Aperto sulla pagina di un attentato in Medio Oriente.

Comprerò un cane. È deciso.

Così sono un po' meno allegra e fiduciosa del mio immediato futuro mentre mi siedo alla scrivania e affronto la traduzione di francese, armata di penna, fogli e del vecchio dizionario dalla copertina lacero-contusa. Migliaia di lemmi suoi, più le scritte oscene, mie e dei miei ex compagni di liceo.

Loro ce le hanno fatte tanti anni fa, vanno capiti. Io ce le scrivo adesso che sono una donna adulta e a volte mi chiedo se non sia la spia di una personalità turbata.

Be', già che sono al computer apro la posta. Non si sa mai, magari qualcuno mi scrive che ho vinto un Pulitzer o un miliardo di euro, perché sono simpatica e me lo merito.

Quattro nuove in arrivo.

Cancello le schifezze del provider, tentando di non leggerne nemmeno il titolo. Con la coda dell'occhio ho intravisto un "nude". Che per una volta si riferisca a "verità nude e crude"? Non ci casco più. Volete un estratto dei titoli delle news che manda il mio server ai suoi esasperati clienti? Ecco le chicche:

Sesso on line sul nuovo sito Ansimaesuda
Tutti i segreti di Porkanska, ex reginetta del sesso
Tettone che passione!

Le chiamano news SPECIALI.

Speciali?

Dimenticavo! Dalla loro Pagina-mamma ti danno la possibilità di entrare in una presunta Fotogallery. Per accedere si deve cliccare su due culi gemelli che ammiccano alla bell'e meglio dallo schermo.

Un bonus di fantasia inaspettato, non c'è che dire.

Dicono che Internet sia stata una grande conquista di libertà per le masse. In realtà è il sistema di comunicazione più aggressivo che si possa immaginare. Non puoi difenderti dalle cose che non hai chiesto e la tempesta di messaggi pubblicitari che ti entra nella casella di posta a ritmo vorticoso rende banale persino la pubblicità degli altri media.

Senza contare i programmi come Carnivore o Echelon, con cui i governi di alcune potenze mondiali operano la loro sorveglianza globale.

Insomma, a cosa serve tanta privacy quando andiamo in posta a chiedere un francobollo, se poi c'è qualcuno che si legge tutte le nostre mail?

Vabbe', vediamo chi mi scrive.

Nessuna comunicazione di vincite stratosferiche o di ghiotti premi.

Un messaggio è di Ginevra. Mi dice di pensare a qualche scherzo divertente e originale da fare stasera. Divertente e originale. E chi sono, Pel di Carota? Vabbe', ora le rispondo. Lo so che non dovrei, perché poi lei mi ri-risponde e andiamo avanti all'infinito, ma ormai sono già con i polpastrelli sui tasti. È una specie di punto di non ritorno: devo scrivere.

Mi spiace, ma oggi non ho nemmeno il tempo di scaccolarmi.

Comunque, se vuoi il mio parere, non credo sia umanamente possibile fare qualcosa che possa divertire Tommy. A meno che una di noi non voglia buttarsi giù dalle scale e rompersi qualche falangetta.

Ciao

F.

E chi vuol far divertire Tommy? Io pensavo a noi.

P.S. Non tenere tutte le caccole per stasera!!!

Ginevra

Perché non pensi a qualcosa tu, mentre ti limi le unghie?

F.

P.S. Il post scriptum si mette dopo la firma. Se no a cosa serve che sia un P.S.?

Dai, Francesca, lo sai che certe cose toccano a te. Nel gruppo sei tu quella che fa ridere.
Io sono quella figa.
Ginevra

Non so perché ma essere io quella che fa ridere e tu la figa, suona come una fregatura.
Comunque eccoti un elenco veloce delle cose originali e divertenti che mi sono venute in mente:

- Noleggiare uno dei primi film di Diego Abatantuono.
- Rubare i biglietti del viaggio di nozze di Tommy e Belle e partire per il Messico al posto loro.
- Farci il solletico.

Che ne dici?
Rifletti e fammi sapere. A dopo.

La conferenza è in sala Giunta.

Ci sono quelli delle televisioni private, che si danno un gran da fare con interviste e riprese dalla finestra del palazzo.

Per lo più sono giovinastri alle prime settimane di lavoro giornalistico. Dopo due mesi si dileguano e lasciano il campo a nuovi illusi.

Noi della carta stampata, stagionati e con principi di muffa sotto le ascelle, li guardiamo ipnotizzati.

Quando la media degli sbadigli è sui venti a testa, il sindaco entra nella stanza.

Il fotografo della concorrenza arriva, non saluta nessuno, scatta due foto a caso e se ne va. Mi sa che ha preso solo i caloriferi. Probabilmente nella macchina non aveva nemmeno il rullino ed è venuto per fare un po' di scena. La concorrenza è filo-maggioranza. Noi invece non abbiamo nemmeno una linea politica. Il direttore del mio giornale è un individuo dall'aspetto paterno ma dalla sensibilità del pluriomicida. Me lo immagino la sera che si inginocchia e prega affinché il giorno dopo ci sia un disastro gigantesco tipo Bhopal, da qualche parte nella sua bella città. Non mi stupirei se in mancanza di notizie arrivasse a uccidere qualcuno per dare un "buco" alla concorrenza.

Naturalmente il nostro fotografo non si fa vedere.

Bene, iniziamo. Il trasferimento della nuova sede della Polizia Municipale, la risistemazione dei giardini delle frazioni, la nuova tariffa dei parcheggi a pagamento...

Che succulente notizie. Ci sarà da far morire di noia il computer anche solo a battere dieci righe.

Finalmente ce ne andiamo. Mi catapulto letteralmente giù dalle scale. E non solo perché mi scade il disco orario. Stasera esco con Ginevra, Talia e Sara. Siamo invitate tutte e quattro all'addio al celibato-nubilato di Tommaso e Belle.

Ci scommetto che loro, le mie amiche, a quest'ora hanno già fatto 220 addominali, la ceretta, la piega dalla parrucchiera, un po' di lampada, un'ora di meditazione e stanno uscendo per andare a comprare qualcosa di nuovo da mettere.

Io invece devo ancora:

– finire quella traduzione, scrivere il pezzetto per il giornale e spedire i documenti;

– lavare la maglietta nera e metterla ad asciugare sui caloriferi affinché sia pronta per le otto;

– lavarmi i capelli, depilare l'allegra combriccola dei peli, truccarmi e... ORRORE!

– preparare qualcosa con "le mie mani" perché Belle e Tommaso credono nell'energia che si trasmette nel cibo, cucinandolo. Quindi dovrò farlo dopo essermi purificata nel corpo e nello spirito.

Tommaso mi ha dato tanto di foglietto con istruzioni da seguire. Spero di non averlo perso.

Appena varcata la soglia di casa, cellulare e telefono si mettono a squillare contemporaneamente. Ho un atteggiamento di maggior sudditanza verso il telefono di casa, quindi mi lancio verso lo studio e rispondo affannosamente.

«Soprani?» chiede una voce.

«Sì...»

«Ti passo Costa.»

Esattamente così.

Senza un "ciao" o un "salve", tanto che ormai qualunque banale "Come va?" mi rende sospettosa...

«Soprani? Sono Costa. Sei andata a quella conferenza?»

«Sì, ma niente di interessante, roba vecchia...»

«Be', falla diventare roba fresca perché qui è saltato un pezzo e mi servono sessanta righe... anzi facciamo settanta.»

«Ma... ma... non è da settanta.»

«Amen. Ci devo aprire. Se è più lungo è meglio. Ciao. Fallo subito.»

Dio, dove ho buttato il Comunicato Stampa?

No!! L'ho lasciato lì! NON L'HO PRESO!

Getto un'occhiata ai miei appunti: disegni di margheritine, la mia firma ripetuta, e una serie imprecisata di parole. Sempre la stessa parola, per esser precisi: CIAO.

Maledizione, perché non ho scritto niente?

Il cellulare ricomincia a suonare. Questa volta è "lei". Vuole la dannatissima traduzione. Rispondo.

«Francesca?»

«Sì?» dico, cercando di sembrare disinvolta. In realtà sto friggendo.

«Ciao, sono Rosalba, come stai?»

Dio, è troppo gentile. Come faccio a non accontentarla?

«Bene, e tu?»

Oh, dio! Sbrighiamoci!

«Anch'io, grazie. Senti, hai finito quella traduzione?»

«Quella? A dire il vero no, sono appena tornata da una conferenza stampa. Ma sta' tranquilla, scrivo il pezzo e poi mi metto al lavoro.»

«Non importa che tu me la dia subito. Io adesso vado a casa. Pensi di potermela mandare con una mail entro le dieci di domani mattina?»

«Ma ceeertoo! Già stasera, probabilmente... L'ho quasi finita.»

«Okay, a domani, allora.»

Dio, è già l'una!

Spengo il cellulare e inizio a pestare come una folle sulla tastiera del telefono. Rispondi, ti prego...

«Comune, buongiorno...»

Che sollievo, non sono ancora andati a casa.

«Pronto, sono Francesca Soprani. Il sindaco è ancora in ufficio?»

«No, non c'è più nessuno.»

«Senta, ho lasciato un comunicato stampa sul tavolo della sala Giunta. Non è che potrebbe farmi un fax?»

«Mi spiace, sto andando via anch'io.»

«Senta, è urgente, magari potrebbe lasciarmi il foglio nel bar di fronte...»

«Aspetti un attimo.»

Pochi secondi dopo, giusto il tempo di soffiarsi il naso, ritorna al telefono.

«Non c'è nessun foglio in sala Giunta. Mi spiace, arrivederci.»

Congiura maledetta.

Sono sicura che il foglio era ancora lì.

Probabilmente l'ha visto, ci ha fatto un aeroplano di carta e l'ha lanciato dalla finestra.

E adesso?

Non vorrei doverlo fare, ma non ho scelta. Così chiamo la concorrenza.

«Gianni?»

«Sì?»

«Ciao, sono Francesca. Senti non ho preso quel comunicato. Non è che me lo puoi faxare?»

«Quello di stamattina?»

Sembra stupito.

«Sì, proprio quello.»

«Ma cosa te ne fai?»

«Vogliono un pezzo un pochino più dettagliato...»

«Okay, te lo mando. Io non ci lavoro nemmeno, con quello che è successo...»

Cavoli, cavoli, cavoli! È successo qualcosa di grosso e noi prendiamo il buco!

Devo scoprire di cosa si tratta!

«E già» dico.

Poi butto lì.

«Lo fai tu?» chiedo.

«Naa, figurati. S'è subito fiondato l'inviato. Perché, a te lo fanno fare?»

«Eh? No, boh... forse un pezzetto d'appoggio... più che altro dati statistici.»

«Dati statistici? Perché ci sono stati altri casi di motoscafi finiti dentro la Capitaneria di Porto?»

Accidenti!

«Noo, intendevo incidenti, in genere. Incidenti di mezzi nautici che hanno coinvolto strutture pubbliche.»

«Che palla di pezzo.»

«Non mi dire niente... Ma forse non lo facciamo.»

«Be', allora ti mando quel fax.»

Chiamo il giornale.

Occupato. Sette linee e un numero verde: com'è possibile che non mi risponda nessuno?

Basta, non ne posso più di questo lavoro.

Faccio mille volte "recall" su sette numeri diversi, poi mi viene in mente che ho il numero di cellulare di Costa.

Squilla in eterno, ma alla fine risponde.

Seccatissimo.

«Che c'è?»

«Niente Ansa sul motoscafo?»

«Siamo isolati. Il telefono è morto. Qui sono tutti impazziti. Che vuoi?»

«Pare che un motoscafo sia entrato in Capitaneria.»

«Dove?»

«Qui, da noi...»

«Bene. L'idea di aprire con quella conferenza stampa mi dava il vomito.»

«L'idea era tua. Comunque non esulterei, potrebbe essersi fatto male qualcuno...»

«E perché non sei lì a controllare?»

«Le settanta righe, ricordi?»

«Ma sbattitene! Chi se ne frega, vai! E richiamami sul cellulare appena sai tutto. Un pezzo da novanta righe e uno da quarantacinque, okay?»

«Ma non mandi il fotografo?»

«Certo. Due pezzi, forse tre. Ci sentiamo dopo.»

«A proposito, Costa...»

«Sì?»

«Questo è l'ultimo pezzo che ti mando.»

Tace. Sento che trattiene il fiato.

«Vuoi prenderti un po' di vacanza?»

«No, non voglio più avere a che fare con questo lavoro. Chiudo e basta.»

«Ma... ma perché?»

Cribbio, proprio non gli passa per la testa che sia un lavoro del cavolo. È convinto che dovremmo sbavare solo perché ogni giorno il nostro nome compare in fondo allo strapuzzolente tot di strapuzzolenti righe.

«Mi sono rotta. E poi non c'entra niente con la mia vita, nessun nesso.»

«Cosa significa?» chiede.

Non lo capisce, poverino. Glielo devo spiegare con l'esempio.

«Insomma è un po' come se King Kong andasse a comprarsi le ciglia finte...» inizio a dire.

«Sarebbe un bel pezzo da prima pagina» interviene lui, quasi gasato.

«...o come Brad Pitt che decide di farsi le mammelle al silicone.»

«Cristo, da chi l'hai saputo?»

«Ma da nessuno! Sono cose assurde che non accadranno mai. Come il fatto che io possa trovare soddisfazione in questo lavoro. E... detto tra noi, Costa, non è che il nostro giornale mi faccia urlare dall'entusiasmo. Non lo leggo, capisci?»

A dire il vero mi sono rotta di tutti i quotidiani, i notiziari e i telegiornali del mondo. A prescindere.

Dal modo in cui mi saluta capisco che quando si sposerà non mi inviterà al pranzo di nozze.

Nel frattempo sono le due e io non ho nemmeno mangiato.

Sento una crisi d'ansia che sta per assalirmi.

Niente panico. Ci vuole solo un pizzico di organizzazione. Un pezzo di carta e una penna così mi calmo.

Ore 14.15: Capitaneria
Ore 15.16: Scrivere due, forse tre pezzi
Ore 16.10: Inviare pezzi
Ore 16.20: Lavare maglietta

Ore 16.30: Bagno
Ore 17: Meditazione, depilazioni, capelli, mani ecc.
Ore 18: Preparare piatto da portare a Tommy e Belle
Ore 19: Dépliant
Ore 20.30: Vestirsi e truccarsi
Ore 20.45: Pronta per uscire

Perfetto.

Afferro una banana dal portafrutta ed esco.

Mentre guido, mangiando avidamente, mi squilla il cellulare.

Con una mano tengo il volante, con l'altra frugo nella borsa e con i denti stringo la banana che si spezza e mi finisce sui pantaloni.

Così arrivo con un'orribile macchia biancastra sui pantaloni neri, proprio sulla pancia. Per nasconderla mi avvicino tenendo le mani giunte all'altezza del ventre, alla maniera di un bonario curato di campagna.

La folla dei curiosi mi ha preceduto. Qualcuno sta ridacchiando, come se fosse uno spettacolo di cabaret.

Cavoli! Il motoscafo ha proprio infilzato l'ingresso della Capitaneria come uno spiedo.

Il Comandante è sul molo che parla con i giornalisti. Mi avvicino, lo saluto e chiedo: «Ma chi era il cretino alla guida?».

Dal silenzio intriso di gelo capisco che ho fatto la domanda sbagliata.

Be'? Li guardo interrogativamente.

«Il cretino ero io» risponde il Comandante.

Nooo!

«Oooh... ma come ha fatto?» chiedo dispiaciuta.

Ma lui non risponde, mi snobba, si gira verso gli altri e continua a parlare. Ha l'aria di una star.

Senti, senti... secondo lui qualcuno gli avrebbe sabotato la barca.

Mi avvio verso un gruppetto di pescatori e chiedo a voce altissima, per farmi sentire anche dal comandante: «Qualcuno ha visto come sono *realmente* andate le cose?».

«Ho visto tutto io...» dice uno che ha l'aria di non aver visto un cavolo.

«Davvero?»

«Per la miseria! Ero proprio a due metri dalla Capitaneria... lì, dove c'è quel palo arancione, quando vedo arrivare la barca a tutta birra...»

In quel momento arriva Rassotti, il fotografo.

«Gli faccio una foto?» mi chiede, indicando il tipo con cui sto parlando.

«Io inizierei col motoscafo e il Comandante» rispondo sottovoce.

«Allora, mi ascolta?»

Il tipo vuole tutta la mia attenzione. «M'è quasi preso un colpo» dice, mescolando al dialetto. «Me sun visto arriva' quell'affare addossu e ho pensou d'esse frittu. Si è imbelinato a due metri dai mei piedi, sa?»

«Mmm... mi tolga una curiosità, se l'ha visto arrivare perché non si è spostato?»

«Eh?»

«Perché è rimasto fermo?»

«A puia!» dice. «La paura! Non riuscivo a muovermi, ero bloccato dalla paura... potrei aver avuto una specie d'infarto e non essermene nemmeno accorto! Dice che l'assicurazione mi pagherà i danni per lo spavento?»

Vedo il Comandante che si gira a guardarmi con la

coda dell'occhio e io fingo di prendere appunti. D'un tratto si allontana dal gruppo dei giornalisti e viene verso di me.

«Senta, le interessa sapere come sono andate le cose o no?» chiede.

«Credevo che non volesse parlarmi...»

«Mi ha dato del cretino!»

«Eufemisticamente...»

Non afferra e sgrana gli occhi tipo sono-un-bravo-ragazzo-perché-non-ti-fidi?

«Lei non crede che possano avermi sabotato la barca?»

Mentre lo dice ha la sfacciataggine di sorridere.

Mi guarda e si morde il labbro inferiore in un modo che non farebbe presa nemmeno su una foca ammaestrata.

Cos'è, un modo di provarci?

Non ci posso credere!

«Sa una cosa, capitano Cook?» dico. «Quando intervisto qualcuno, scrivo quello che lui dice *tra virgolette*. Non devo dire quello che penso. Faccio semplice e banale cronaca. E non sa che sollievo! Dio, quanto le amo quelle virgolette... Perché, detto tra noi, il fatto che i giornalisti scrivano tante cazzate, non significa necessariamente che siano degli imbecilli e le bevano, no?»

«Evviva la sincerità» dice.

Poi si lancia in un racconto di vaneggianti e intricatissime assurdità, che sembrano partorite dalla fantasia di Asimov.

E così, non so dirvi se per fiducia, stanchezza o lavaggio del cervello, alla fine mi convince che sta dicendo la verità.

È un lavoro infame, il nostro.

Dobbiamo raccogliere acqua con un retino.

Io ci provo, ma ci vorrebbero anche dei secchi ogni tanto...

Dio com'è tardi. Ho spedito i due pezzi per posta elettronica, ma sono già le cinque e mezza.

La maglietta nera, pressssto!! Eccola. La lavo, poi accendo i caloriferi a manetta e ce la sistemo sopra per farla asciugare.

Dopo cinque minuti la casa sembra una sauna finlandese, i vetri sono appannati e sono obbligata ad aprire tutte le finestre.

Vediamo cosa scrive Tommy. Dunque...

Vai in bagno e accendi una candela. Prepara l'acqua della vasca aggiungendo un decotto di erbe rilassanti, come il tiglio, la camomilla, il biancospino o l'olivo.

Bene, la camomilla ce l'ho di sicuro. Me n'è rimasta una bustina sola. Va bene, qui non è specificata la dose, ce la faremo bastare...

Metti un sottofondo musicale tranquillo e accendi un bastoncino d'incenso in un angolo della casa.

Corro a scegliere un cd. Vediamo cos'ho...

Musiche irlandesi? No, alla lunga sono deprimenti.

Beethoven? A dire il vero non mi piace ascoltarlo a basso volume.

Per una ragione o per l'altra scarto gli Outkast, i Pink Floyd, Bob Marley, i Crowded House, Bic Runga e Louis Armstrong. Non ce n'è uno che mi sembri adatto alla situazione. Allora decido di fidarmi del fato e pesco a occhi chiusi.

Il cd dei canti natalizi!?

Be', per esser spirituale, lo è...

Okay, lo metto e poi m'immergo.

Sono dentro con aria sognante da sedici secondi, quando qualcuno suona alla porta.

È normale. Ho fatto caso che succede sempre. Anzi ve lo consiglio per i giorni in cui vi sentite soli: preparate un bel bagno, metteteci dentro i vostri sali preferiti, immergetevi e... miracolo! Qualcuno suonerà alla porta. È quasi scientifico, ormai.

Ma chi è che rompe a quest'ora?

Mi avvolgo velocemente nell'asciugamano e vado alla porta.

È Carola, la figlia della vicina. Nove anni e mezzo e già ha tutte le caratteristiche per diventare la protagonista di un horror.

«Cosa vuoi?» chiedo, cercando di non far trapelare disagio.

«Ha detto la mamma se posso stare un po' qui, mentre lei si fa la tinta ai capelli.»

«Mi spiace, di' alla mamma che in questo momento non posso. Ho un lavoro urgente da finire.»

«La doccia?» chiede storcendo il naso.

«Esatto.»

«Aspetto che finisci.»

«No, mi spiace, oggi proprio non posso.»

Alza le spalle e dice: «Tanto hai le tette piccole».

«E tu come fai a saperlo?»

«Hai lasciato la finestra aperta. Ti ho spiata.»

«E allora?» chiedo umiliatissima.

«Anche se non ti fai tutta bella è lo stesso, gli uomini si fidanzano solo con le donne che hanno le tette grosse, sai?»

«Grazie tante, sei molto carina. Spero che tu da grande abbia l'ottava e riesca a grattarti le ginocchia coi capezzoli. Ora sparisci.»

Poi come una furia mi precipito a chiudere tutte le finestre. Tanto la maglia è asciutta e posso spegnere il riscaldamento.

Dio, litigo coi bambini piccoli! Dev'essere lo stress!

Domani come prima cosa il mastino!

Hobisognodicalmarmiprestonellavasca.

Finalmente sono a mollo come un bucato.

Chiudo gli occhi e mi rilasso.

Mmm... profumo d'incenso, tepore dell'acqua sulla pelle, candele...

Jingle Bells, però, non c'entra proprio niente.

Purificato il corpo, proseguo nella lettura del biglietto.

Frizionare la pelle con olio di mandorle, avvolgersi in un telo bianco di cotone e sdraiarsi in una stanza nella penombra per una meditazione di 15-20 minuti.

E chi ce l'ha il telo bianco? Forse potrei usare un lenzuolo.

Vabbe', vada per il lenzuolo. Mi avvolgo e mi accorgo che la casa è un vero casino. Io non sono per niente rilassata quando tutto è in disordine.

Ma perché ho dato retta a Tommy?

Venti minuti di meditazione.

Non riesco a concentrarmi.

Continuo a pensare a cosa potrei preparare da mangiare e il sottofondo di *Adeste Fideles* non mi è di grande aiuto.

Tanto vale andare a preparare da mangiare subito. Vorrei stupire tutti con qualcosa di esotico e raffinato, ma il frigo è di umore nero e mi sbatte in faccia un cartoncino di uova (mezzo vuoto), un avanzo di latte di soya, prezzemolo a volontà, insalata, sei patate, forse sette e un tubetto di maionese senza tappo.

Il destino ha deciso: frittata di patate.

Cerco di fare come ha raccomandato Tommy e rompo le uova a occhi chiusi per sentire il Karma. E lo sento! Il Karma è qualcosa di fresco che parte dal piede sinistro e si sparpaglia sul pavimento.

Giallognolo, vischioso... insomma, una delle mie uova.

Non importa, sono rilassata. Accetto l'uovo sul piede come un segno positivo, una sorta di benedizione cosmica.

E proseguo a occhi aperti.

Vabbe' non sarà esotica, non sarà raffinata, ma non tutti sono capaci di presentare una frittata come si deve, no? Ci vuole una certa esperienza. Il momento cruciale è quello in cui la giri per la seconda volta: se si spacca non hai più chances. E poi, siamo sinceri, a chi non piace la frittata?

Ma è normale che il telefono suoni proprio quando sto per togliere le patate dal fuoco? Certo che lo è, perché c'è tutta una serie di cose che accadono malignamente quando non dovrebbero.

«Mamma, adesso non posso» urlo alzando la cornetta.

«Mamma?»

Voce di uomo.

«Uh... mi scusi, sul display è apparso un numero che mi sembrava quello di mia madre.»

«Mi chiamo Giovanni Centi. Lei è Francesca Soprani?»

«Sì, mi dica.»

«Lei ci ha spedito il suo curriculum...»

«Ah! È vero, sì. Senta in questo momento sono un po' presa. Possiamo sentirci domani mattina?»

«D'accordo. Va bene se le telefono alle 11?»

«Perfetto, a domani.»

Be'?

Non è un dialogo ai minimi termini?

Non sono stata velocissima?

Perché allora le patate sono bruciate lo stesso? Non me lo meritavo ma a loro non gliene frega niente. Hanno deciso di volersi presentare bruciacchiate ai miei amici e se ne stanno lì, indifferenti e unte, le fetide.

Mi viene da piangere.

E adesso cosa porto?

Un ricciolo di maionese?

Disperata, inizio a raschiare la parte nera dalle patate.

Una a una!

Poi le mimetizzo nell'uovo, aggiungo un po' di prezzemolo sminuzzato, noce moscata, sale, pochissimo latte. Se servisse a camuffarle meglio aggiungerei anche un cappotto.

L'aspetto è deprimente, tipo un incrocio tra una piadina avanzata e una spugna da bagno.

E i miei capelli puzzano di omelette.

Non importa, ho deciso che farò il dépliant domani mattina all'alba.

Sono appena le sette e mezza. Posso ancora lavarmi i capelli, stirare la maglietta e truccarmi con calma. La ceretta non è necessaria. Tanto ho i pantaloni.

C'è solo un irrilevante particolare.

Ho finito lo shampoo.

Siamo seduti nel salotto di Belle. Più o meno a semicerchio. Quattordici persone disposte su:

– due microdivanetti, che un obeso occuperebbe da solo (entrambi);
(i braccioli sono inutilizzabili, del tipo rigido e stretto che ti accontentano solo se sei un fachiro);
– cinque sedie;
– qualche cuscinone in terra.

Indovinate a chi è toccato uno dei simpaticissimi cuscinoni stile scuola materna?

Be', me ne sto qui accovacciata come Toro Seduto ad ascoltare musica celtica con un sorriso di convenienza sul volto e rifletto sulla possibilità di utilizzare il punto tre della mia lista di cose divertenti, tanto per vivacizzare un po' la festa, quando sento il mio lato critico-analitico scindersi da me, e, come dotato di vita propria, lo vedo passeggiare per la stanza, il bastardo, studiare la situazione, prendere un bloc-notes e una penna virtuali e annotare con disinvoltura: *Situazione fantozziana. Gruppo di sfigati male assortiti in cerca di emozioni. Gli amici di Tommy sono vistosamente brutti o minorenni. L'ha fatto apposta il bieco figlio dei fiori a invitare solo costoro o è il caso che ha voluto infierire?*

Mi odio quando sono così. Io voglio essere una persona buona, che non giudica gli altri, che non critica nessuno, neanche a livello inconscio.

Aspiro a essere un esempio per l'umanità.

A volte mi vedo seduta in un talk show televisivo, col presentatore che spiega al pubblico:

«Come potremmo descrivere Francesca? Tollerante, aperta di idee, umile, modesta.

E intrisa di bontà. Una specie di asceta.

Giovanna d'Arco senza la spada, ecco...».

A un tratto il tizio che siede alla mia destra mi dice: «Allora, raccontami qualcosa di te».

Lo guardo meglio e anche se non dovrei, sbircio mentalmente negli appunti del bastardo e leggo: Cresta ossigenata.

Tredici, forse quattordici anni meno di te.

Jeans scoloriti in zona pubica.

Megatatuaggio sul collo taurino.

Non ci sono catene, ma non mi stupirei se estraesse un serramanico dagli stivaletti di cuoio, che, a proposito, sono modello "con un calcio ti sganghero il salotto buono".

Faccio un sorriso ebete e rispondo: «Be', come diceva Groucho, nacqui in tenerissima età».

«Groucho?»

«Un comico. I fratelli Marx, hai presente?»

«Sei comunista?» chiede.

«Eh? Guarda che quello era Karl Marx» dico. «Barbona bianca, l'idea che avessimo tutti gli stessi diritti... una specie di Babbo Natale.»

Lo vedo perplesso.

«Stavo scherzando...»

«Ah!»

Per fortuna Belle mi salva aprendo ufficialmente i bagordi presso il tavolo delle cibarie. In branco ci catapultiamo verso le vivande dove campeggia sfrontatissima anche la mia orribile frittata.

Mi accorgo che pur essendo uno dei piatti con il contenuto di cibo più scarso, per una sorta di malsana compensazione è quello che attira maggiormente lo sguardo.

Solo quello.

Nessuno infatti allunga con bramosia la paletta per accaparrarsene una fetta. Sarebbe umiliante se restasse intatta. Così aspetto che tutti siano distratti e poi ne taglio metà, la fascio in fretta in un tovagliolone di carta che ho in mano e la faccio scivolare nella mia borsetta.

«Buuoone queste tartine al paté di olive» dico poi, unendomi alla folla dei mangioni.

«Chi le ha fatte?» chiedo.

«Io» risponde Taurus o come cavolo si chiama. Poi siccome continua a fissarmi in un modo che mi mette a disagio, decido di correre ai ripari.

«A proposito, io mi chiamo Francesca e ho trentacinque anni e tu?»

Che tristezza. L'ho detto come fosse la frase di un corso base di inglese.

«Patrick.»

Evidentemente non ha afferrato l'invito a confrontare le reciproche età. Per un attimo sono tentata di mandare messaggi alla Tarzan, tipo Tu giovane, io vecchia...

Ma proprio in quell'attimo aggiunge: «Non sono olive, sono *escargots*».

Oh mio dio!

Oh *mio* dio!

Se almeno non avessi conosciuto il significato della parola. Avrei potuto illudermi, avrei potuto non approfondire...

Invece lo conosco. E urlo come una pazza: «LUMACHE?»

«Sono buonissime, calmati» dice Sara, che conosce a memoria le mie paranoie.

«Perché nessuno mi ha avvisato? Eh?» urlo in preda a una crisi isterica.

Lo so che do spettacolo.

Lo so che non dovrei comportarmi così, soprattutto dopo aver rivelato la mia età. Più tardi mi vergognerò, avrò tempo per meditare e vergognarmi, ma adesso ho perso la testa.

«E se ce ne fosse ancora qualcuna viva? AAAAHH!» Grido e mi piego su me stessa.

«Non è possibile, le ho passate al tritatutto» risponde Patrick-Taurus, allibito.

«Non ne avevi il diritto! La gente deve poter scegliere se mangiare tartine alle olive o ripugnanti lumache.»

Mentre corro in bagno, sperando di riuscire a rigurgitare, vedo le loro facce divertite e sento Ginevra che tranquillizza Patrick: «Sta scherzando, non ti preoccupare».

Per fortuna riesco a vomitare.

Prima di tornare mi sciacquo la faccia e la bocca, mi sistemo i capelli e mi do un paio di pizzicotti sul viso.

Poi inspiro profondamente e mi studio allo specchio

per capire se la mia fisionomia abbia assunto qualche traccia di lumacosità.

Non potrei sopportarlo.

Le lumache mi fanno anche paura, con quel loro incedere lento, strisciante e inesorabile.

Se puntano verso la sdraio in giardino, quella dove vorresti passare il pomeriggio ad abbronzarti (ma che in realtà usi solo cinque minuti al giorno perché appena ti siedi scatta l'allarme della macchina, oppure ti telefonano e devi tornare in casa di corsa, oppure c'è una mosca che ti si posa sui piedi ogni tredici secondi), ebbene se la lumaca punta verso la tua sdraio preferita, non c'è verso, ti tocca una delle due:

a) spingere la lumaca il più lontano possibile con la punta della scarpa, facendo attenzione a non pestare il guscio, perché dopotutto non vorresti uccidere la lumaca che non ti ha fatto niente e nemmeno vedere lo spettacolo di una lumaca spiaccicata davanti a casa tua ogni volta che esci;

b) aspettare ventiquattro ore sperando che non succeda, ma succederà, stanne certo: troverai la scia bianca di lumaca sulla sdraio.

(E poi qualcuno ha idea di cosa sia quella scia? Bava? Escrementi?)

Comunque da un primo esame direi che non presento segni di metamorfosi e così mi rincuoro e prima di tornare di là preparo un sorrisone da mille e una occasione. Se hanno pensato a uno scherzo, meglio non deluderli. Non voglio rovinare la festa a Belle.

«Ah, eccoti» mi dice Talia.

Vedo Patrick che mi fissa con insistenza. Serissimo. Devo ammetterlo. Sarebbe carino se non avesse quella cresta. Ma non voglio, assolutamente, non DE-VO trovare carino un ventenne.

Se fossi vissuta ai tempi di mia nonna sarebbe quasi sicuramente un coetaneo di mio figlio.

Viene verso di me e mi chiede a voce bassa: «Non stavi scherzando, vero?».

Faccio segno di no con la testa.

«Mi spiace» dice lui.

«Non importa.»

Gli sorrido.

«Ho ventisette anni» aggiunge.

«Dall'acconciatura guerriera ti facevo più giovane.»

«Patrick fa il modello» dice Belle, che si è avvicinata per portarci da bere.

«Avevo appena finito di lavorare, quando sono arrivato qui» conferma.

«Foto o passerelle?» chiedo incuriosita.

«Foto.»

«Scusa, sono un'impicciona. In fondo non c'è niente di male a portare i capelli in quel modo. Anche i miei sono spesso in uno stato pietoso» dico, rendendomi conto della gaffe solo alla fine della frase.

Ma lui non coglie.

Mi sfiora una ciocca e dice: «Hai dei capelli morbidissimi».

Usa la voce bassa, da predatore.

Belle capta il tipo di energia e si dilegua.

Maledetta.

«Li ho lavati con Perlana» dico seria.

Patrick sorride di quella che crede essere una battuta.

Poi vedo Tommy e Sara che discutono di qualcosa e mi avvicino.

«Non so se ve ne siete accorti, ma a parte me e Belle, qui siete tutti single» dice Tommy.

«Che bella notiziona da prima pagina» commenta Talia, facendo una smorfia.

«Be', ti sbagli, io non sono single» ribatte Sara.

«Ah no? E dov'è il tuo uomo?» domanda Tommy, con un sorrisetto insopportabile.

Ma come farà Belle?

«Lo sai benissimo, dov'è. Lavora in Africa e...»

«Da quant'è che non lo vedi, Sara?» chiede Tommy.

«Be'... è venuto a Natale.»

«A Natale. Uuuh! Be', siamo a maggio adesso. E sino a prova contraria le ultime diciotto settimane della tua vita le hai passate da sola, no? Possiamo dire che hai un uomo che vedi un paio di volte all'anno, ma essenzialmente conduci una vita da single...»

Sara tace.

«Piantala, Tommy. Non sono affari tuoi» dico.

«Forse no, ma voi siete sue amiche, no? Non credi che dovreste darle la sveglia? Lui ha un lavoro là, che per quanto ne so è definitivo. E non le ha mai chiesto di andare a vivere con lui in Burundi. Insomma non ci vuole un'aquila per capire...»

Sara scatta in piedi e va a chiudersi in camera da letto.

La seguo.

«Sara, sono io, mi apri?»

Sara apre la porta. Ha il naso rosso.

«Ha ragione. Lo so che ha ragione. Solo che dice le cose in modo brutale, di fronte a della gente che non ho mai visto prima. È uno stronzo.»

«Pensa che fortuna, non lo devi sposare!» le dico.

«Resta il fatto che ha ragione. Anzi, domani scrivo una lettera a Daniel e gli dico che è finito tutto. Probabilmente per lui era già finita da un pezzo e io non volevo accettare la cosa.»

«Dài, che non ci saresti mai andata in Burundi» le dico dandole una gomitatina amichevole.

Lei tira su col naso e sorride.

«Hai un fazzoletto?» mi chiede.

Guardo nella borsa e sento qualcosa che sembra carta assorbente.

Lì per lì non ricordo e tiro fuori tutto l'involucro del tovagliolone col pezzo di frittata.

Sara mi guarda senza capire.

«Uuh... Ho messo via qualcosa per il cane» dico.

«Hai preso un cane?» chiede stupita. «Di che razza?»

«Un mastino. Cioè, non ce l'ho ancora, ma pensavo di comprarlo domani mattina e... magari non ho tempo di preparargli niente e così...»

«Oh Francesca! Sei così brava. Non ce l'hai ancora e già pensi a mettergli via il pranzo. Sono sicura che tu saresti una mamma perfettissima.»

Mi viene in mente la figlia della vicina e ho una sensazione di malessere.

«Oggi la figlia della vicina mi ha detto che ho le tette piccole.»

«Ma tu non hai le tette piccole. Io ho le tette piccole, cacchio. Tu hai la terza, io non riempio la seconda.»

«Sì, ma non è quello il punto. Il messaggio che voleva mandarmi è un altro. Voleva dire, e per la verità l'ha detto, non piaci agli uomini, non ti fare illusioni.»

La tristezza dev'essere contagiosa. Adesso anch'io mi sento tristissima.

«Non penserai davvero di non poter trovare l'amore della tua vita? Il mondo è pieno di uomini...»

«Ma di che uomini parli? Specie meno evolute di *Homo habilis* che vanno in crisi d'ansia al pensiero di una storia più lunga di una partita di calcio?»

«I racconti d'amore sono una fregatura. Facciamo quel gioco che ci tira su di morale?»

«Inizia tu» dico, poco ispirata.

«Una cosa bella della mia vita è che un sacco di gente mi vuole bene: mio fratello Leo, mia madre, mio padre, tutte le mie amiche.»

Taccio.

Come fa a non accorgersi che dice sempre la stessa cosa?

«Sì, vale anche per me» dico.

«Tocca a te» dice Sara.

«Una cosa bella della mia vita è che non mi puzza l'alito» dico.

Sara mi guarda per vedere se dico sul serio. Poi si mette a ridere.

Uffa, meno male.

Qualcuno bussa alla porta.

È Tommy che viene a chiedere scusa a Sara. Forse non è poi così stronzo.

«Mi dispiace, non volevo ferirti» dice.

«È tutto okay» risponde Sara.

«Allora? Venite di là?»

«Certo» dico, risollevata dai nostri pensieri positivi.

Lo seguiamo nel salone e io annuncio ad alta voce: «Un attimo di attenzione, prego. La scaletta dei divertimenti a questo punto prevede un dvd».

«Un porno?» chiede uno degli amici di Tommy.

«Ti piacerebbe, eh?» risponde Ginevra.

«Zitti e spegnete la luce» ordina Sara.

Sono tutti in silenzio che aspettano di veder spuntare chissà cosa, quando sullo schermo appare il volto di Abatantuono travestito da Attila.

E iniziamo a ridere.

Visto che funziona?

Noo... aiuto. Cos'è questo rumore nella notte?

Infilo la testa sotto il cuscino, ma la sequenza di gong-sdeng-bang continua implacabile.

Di colpo ricordo. È la sveglia che ho comprato in vacanza e che uso nei casi di emergenza.

Le sei. Non c'è bisogno di nessun commento. Come un automa mi alzo, faccio colazione, mi lavo e poi mi siedo al computer. Lo schermo ancora spento mi rimanda un'immagine del mio viso: uno zombie dallo sguardo cattivo.

(Il cervello non ha ancora ricevuto i messaggini di bontà della ciambella che ho inzuppato nel caffè solubile.)

Sgobbo per un'oretta e poi spedisco il lavoro a Rosalba. Così alle sette sono sveglia e anche se mi ricaccio sotto le lenzuola, non riesco a riaddormentarmi.

D'altronde se avessi messo la sveglia, diciamo alle otto, sarebbero sicuramente successe tante di quelle famose cose-che-accadono-malignamente, che alle dieci non avrei avuto pronto il lavoro.

Alle otto e mezza mi telefona Chiara, una collega del giornale.

«Ciao. Hai dato un'occhiata alla pagina degli spettacoli?»

«No, perché?»

«Be', c'è un articoletto con la tua sigla che dovresti vedere. Non ti anticipo nulla.»

Capisco l'antifona.

Vuol dire: qualcuno ha combinato un casino.

Ma io questa volta sono tranquilla.

«Be', allora non mi riguarda. Non ho preparato nulla per la pagina degli spettacoli.»

«f.s. è la tua sigla, no?»

«Sì, ma magari è anche la sigla di qualcun altro.»

«Escluso. Ho controllato i nomi. Ci sono un sacco di m.m., g.m., s.r. e tutta una serie di altri. Ma di f.s. ci sei solo tu.»

«Allora sarà uno nuovo» dico.

Ma appena riagganciato corro all'edicola a comprare il giornale. La prima cosa che noto è la locandina col titolo intriso di simbologia sessuale: "Motoscafo deflora capitaneria". Ma si sa, le locandine sono caratterizzate da una forte intenzione connotativa, sono lo spot pubblicitario del quotidiano, non bisogna prenderle seriamente.

Devo fare uno sforzo enorme per non aprire subito il giornale, ma voglio essere seduta e senza pubblico in caso dovessi subire un crollo di nervi.

In casa mi sistemo con calma sul divano, faccio un respirone e vado alla pagina della cronaca regionale.

L'articolo sul motoscafo è a posto. Hanno messo due foto venute bene. E stranamente l'intervista col Comandante è totalmente fedele al testo originale.

Il titolo riprende vagamente l'ambiguità della locandina, ma di questo non sono responsabile io.

Salto le altre pagine e vado agli Spettacoli. Non sembra esserci nulla che mi riguardi.

Chiara cos'ha visto?

Osservo di nuovo tutto con più attenzione: la notizia di un concerto di Ivano Fossati, l'intervista col direttore del Carlo Felice, una foto di Brad Pitt, lo spettacolo di beneficenza al Teatro della Tosse...

Aspetta un attimo, eccola lì la mia sigla.

Leggo:

Brad Pitt è gay?
Il popolare attore americano sta per cambiare sesso? Secondo le ultime voci che circolano negli ambienti hollywoodiani Brad Pitt avrebbe preso accordi con una clinica di Casablanca per un trapianto di mammelle. L'attore sarebbe quindi deciso a passare all'altra sponda? La notizia è stata come una doccia fredda per le numerosissime fan che apprezzano Pitt per il suo talento e per il suo fascino. La svolta sicuramente porterà con sé implicazioni notevoli per la carriera dell'artista. Non è escluso che in futuro Pitt possa dedicarsi a ruoli femminili. f.s.

È stato Costa.
Bastardo.
Io.
Lo.
Disintegro.
Resto immobile per un tempo lunghissimo a fissare il volto sorridente di Brad.
E adesso cosa faccio?
Non c'è rimedio.
È come una macchia di candeggina. Non si può lavare.
E il guaio è che so già come andrà a finire.
Dopo che avrò aggredito Costa verbalmente al telefono e gli avrò sbraitato contro tutta la mia furia, domani uscirà un trafiletto in cui si dice che c'è stato un errore nel siglare l'articolo.
Stop.
Ma questa non gliela voglio far passare.
Ecco, adesso chiamo il giornale e chiedo del direttore.
«Ciao, Francesca. Ho saputo che non sei più dei nostri, mi dispiace.»
Non mi fido di lui.
È persino più subdolo di Costa.
«Già» dico. «E vi sputtanerò ogni volta che ne avrò occasione.»
«Cos'è successo?»
«Anzi, sai una cosa? Stamattina stessa scrivo all'Ordine per denunciare te e Costa.»
«Calmati un attimo e dimmi cosa c'è.»
Gli racconto e lui ascolta in silenzio.
Quando finalmente parla ha un tono stizzito.
«Che stronzo! Lo passo all'inserto estivo» dice. «Giuro che stavolta lo mando per sagre.»
«Sì, ma questo non rimedia nulla.»

«Senti cosa farò» dice ispirato. «Domani faremo un grosso articolo su Brad Pitt, intitolato CI AVEVATE CREDUTO? Ci scuseremo coi lettori e diremo che avevamo fatto questa *boutade*, per vedere sino a che punto il gossip veniva preso seriamente. Immagino che oggi telefonerà un sacco di gente in redazione...»

«E la mia sigla?»

«Diremo che c'è stato un errore.»

«E se gli addetti stampa di Brad Pitt vengono a sapere la cosa?»

«Ma va'! E poi conviene anche a loro accettarla e starsene buoni, non credi?»

«Mmm... forse. Vabbe', ciao.»

«Sei sicura di non voler continuare a lavorare con noi?»

Che faccia tosta!

«E me lo chiedi?»

«Come vuoi. Ma se cambi idea, la porta per te è sempre aperta» dice.

«Sarà più facile che tu assista al miracolo dei pani e dei pesci» rispondo.

Poi ho un flash.

«Tu lo sapevi, vero?» chiedo.

«Cosa?»

«L'avete architettata insieme 'sta cosa?»

«Ma cosa vai a pensare?» dice.

Ma la voce è leggermente balbettante.

Che vi dicevo? Prendere l'acqua col retino...

«Eri già pronto con la risposta. Diciamocelo, tu non sei veloce a elaborare le idee...»

«Il fatto è che...»

«Buon divertimento, idioti!»

Poi riaggancio.

E mi sento malissimo.

Perché non sono stata capace di seguire le mie regole.

Non ho praticato l'autocontrollo e ho tradito la mia filosofia di vita.

Ho insultato e mi sono infuriata.

Mi sono lasciata trascinare in una spirale di cause ed effetti.

Come spiega bene *Pragmatica della comunicazione umana*, ho permesso a qualcuno di determinare un mio comportamento.

Mi ci vuole un po' di meditazione attiva.

Così mi armo di stracci e ramazza e parto come un ciclone verso luoghi polverosi e opachi.

Alle 10 e 45 è tutto uno scintillio e io mi concedo una doccia. Mi sono appena rivestita, quando bussano alla porta.

È Janine, la mia amica inglese.

Janine solitamente è una persona allegra e positiva, e vederla in lacrime mi trova impreparata.

«Janine, cosa è successo?»

«Oh, Francesca» singhiozza.

Poi scoppia a piangere.

«Ora ti preparo una tazza di tè.»

Mentre sorseggia la sua bevanda preferita, mi racconta tutto. Janine ha deciso di dimagrire.

«Così sono andata da una di quelle sicologhe» dice. «Sai, una di quelli che cura i distuubi dell'alimentazione standando seduta tre quaati d'ora a fissaati nei punti dove ti senti più grassa.»

«Tu non sei grassa. Sei bellissima.»

Non dico bugie. Janine è alta, bionda, ha gli occhi azzurri e a occhio avrà la quarta di reggiseno. Certo ha i fianchi rotondi e un po' di sedere, ma, diamine, ha avuto quattro figli!

«Mi ha fato un saco di domande sulla mia vita da bambina» spiega. «Io ho iniziato male: ho detto che ho una brutta relaziouni col cibo. Lei mi guaada come se non capisse e chiede: "Relaziouni?". "Okay" dico io. Ho sbagliato, rappooto, volevo dire rappooto. Così ho speso centoventi euro pe sentiimi dire che devo tenere un diary, come quando avevo tredici ani.»

Evito di farle notare l'inquietante assenza di quella "n" e annuisco.

«Dopo aver servito la colazione ai bambini, pela cronaca biscoti, toasts, maam-lata e latte, ho agguantato piena di risentimento il mio yogurt scremato all'ananas. Un guanto acido in bocca, una poltiglia che non mastichi e non bevi. Mio marito chiede: "Sei a dieta?". No, dico io. Non ho fame. Poi vado in camera e inizio a piangere di nascosto. In quel momento entra mia figlia Barbara e dice: "La mamma piangei". E tutti vengono ad assistere alle mie difficoltà emotive...»

Janine ricomincia a singhiozzare e proprio in quel momento squilla il telefono.

«Aspetta solo un secondo, Janine, arrivo subito» dico.

Vado in camera a rispondere.

«Mamma ti posso richiamare? C'è Janine da me. È piuttosto in crisi.»

«Se vuol continuare a chiamarmi "mamma", per me va bene...»

«Oh, mi perdoni, ho rifatto lo stesso errore. Senta, mi può lasciare il suo numero? La richiamo io tra mezz'ora...»

«Perché invece non ci vediamo a pranzo da qualche parte? Ho la sensazione che lei sia una persona molto occupata. Sono dalle sue parti per lavoro...»

«Non saprei...»

«Un banale tramezzino al bar? Sono abbastanza innocuo, sa? E poi ormai è un po' come se fossi di famiglia... mi chiama già "mamma".»

Questa cosa mi fa ridere. Così fissiamo il luogo e l'ora.

«Avrò una rosa rossa tra i denti» dice, prima di salutarmi.

Rido di nuovo. Poi torno da Janine che sorseggia il suo tè con aria un po' più rilassata.

«Scusa, Janine. Continua pure.»

«Be', mio marito sembrava preoccupato e mi ha chiesto cosa aveivo. Se ci pensi beni gli ho risposto non c'è giustizia in questo mondo. Io soffro la fame pee 24 ore, che sono lunghe, nou? Bisognerebbe che almeno il giorno che sei stata brava, ci fosse una magia e il tuo corpo fosse perfect. Invece ci vogliono settimane e settimane di starvation, carestia. Capisci? E io ho tanta fame! E lui mi chiede: "E perché non mangi?". "Perché voio dimagrire" rispondo io. "Ma tu non sei grassa" dice lui. "Ma ho la ciccia sui fianchi" dico io. E lui sai cosa risponde? Ah, non ci posso credere!

Mi dice: "Ma a me sono sempre piaciuti da matti i tuoi fianconi". I miei fianconi! A quel punto non mi restava che prender la rincoosa e tentare di sfondare a testate la poota di casa. Gli ho deto: È così che mi descrivi? Mia moglie: alta, bionda, fianconi! Lo farò scrivere sul passapoto. Segni paatichiulari: fian-cou-ni!»

«Aspetta un attimo, vado a prendere una cosa che può aiutarti» le dico. Dopo qualche secondo torno con un foglio.

«È un test. Per capire se devi veramente dimagrire.»

Janine prende il foglio e inizia a leggerlo. Dapprima aggrotta le sopracciglia, ma poi vedo che il suo volto si distende.

L'angolo del Testone

Questa settimana il Testone vi rivelerà se è il caso che vi mettiate a dieta o meno.

	SÌ	NO
1. Vostro figlio usa le vostre mutande per giocare ai fantasmi	☐	☐
2. Con voi a bordo l'auto non ha bisogno di catene	☐	☐
3. Vostro marito per cingervi la vita usa una corda da saltare	☐	☐
4. Se davanti allo specchio sorridete, non riuscite a vedervi le orecchie	☐	☐
5. Al cinema pagate doppio	☐	☐

Se avete risposto sì ad almeno tre domande mettetevi a dieta. Eccovi un paio di consigli per perdere peso in fretta.

A. Avvelenamento da funghi (scegliete il tipo a pallini bianchi).

B. Fave di fuca: mettetene un paio in ogni narice. Dover respirare a bocca aperta vi impedirà di abbuffarvi.

Ci guardiamo negli occhi per qualche secondo, poi lei inizia a ridacchiare.

«In realtà quello che mi manca è un po' di intimità con Luigi» dice.

Non faccio fatica a crederle. Con quattro figli dai tre ai sette anni di età è già tanto se quando si veste non si infila i bavaglini al posto delle mutande.

«Perché non vai una settimana dai tuoi? Tu e Luigi potreste mollare i figli per un paio di giorni ai nonni e alle zie e rintanarvi in un alberghetto per quarantotto ore di frenetico esercizio fisico.»

«Luigi non può chiudere il negozio adesso. Magari tra un po'... Sì, potrebbe essere una buona idea.»

Poi succede.

Sento me stessa dire: «Domenica pomeriggio ho un

paio di ore libere. Se vuoi posso tenerti i bambini così tu e Luigi ve ne state un po' da soli».

Nell'attimo in cui capisco che accetterà, ho una premonizione: saranno due ore di rovinosa fatica fisica. Ne uscirò stremata. Perché diavolo l'ho detto? Non è che il mio voler essere buona sta forse incominciando ad attuarsi senza che io possa decidere come manovrarlo?

«Dici davvero?» chiede Janine.

Annuisco, deglutendo una pinta di saliva.

Così lei se ne va a casa rasserenata, e la cosa mi fa anche piacere, ma io inizio ad avere una seria crisi di identità.

Okay, devo solo dirmi che andrà tutto bene. Me lo ripeterò quelle due o tremila volte e sicuramente succederà.

Poi faccio il numero della mamma. Sono due giorni che aspetto una sua telefonata e che non chiama. Cellulare spento e telefono di casa con segreteria telefonica.

«Mamma, sono di nuovo io. Perché diavolo non telefoni mai? Se almeno registrassi il messaggio della segreteria telefonica con la tua voce potrei fingere di scambiare due chiacchiere con te!! Ciao.»

È quasi ora di andare. Devo sbrigarmi.

Di colpo ricordo che ieri sera alla festa ho sporcato di pizza le uniche scarpe decenti che possiedo per questa stagione e le ho messe in lavatrice.

Le tiro fuori grondanti e le piazzo davanti alla stufetta, ma al momento di uscire sono ancora umide.

Pazienza.

È una bellissima giornata di maggio.

Mi piace guidare sulla panoramica quando c'è il sole.

Dopo un po' inizio a sentire uno strano odore. Non saprei descriverlo, qualcosa che ricorda lo scarico dei lavandini nei giorni di pioggia...

Vuoi vedere che sono io? Fermo la macchina, alzo un piede e annuso.

Certo, sono loro!

Le scarpe umide trasudano puzza in maniera offensiva!

Devo assolutamente trovare un negozio aperto e comprare del profumo o un deodorante. Non ci sarà mai lavoro per una tipa che si presenta sventolando sotto il tavolo scarponi allo zolfo.

Vedo un distributore di benzina e mi fermo. Purtroppo nel negozio non vendono profumi o deodoranti di nessun tipo.

Così me ne sto lì, in piedi, a riflettere se sia il caso di tornare a casa e infilarmi gli stivali sotto i jeans, rischiando di morire di caldo e di arrivare con un ritardo di tre quarti d'ora, o proseguire affidandomi alla speranza che il tizio in questione abbia un bel raffreddorone da fieno. Poi ho un'idea *magique*.

«Mi dia due alberelli» dico.

«Che profumo preferisce?»

«Il più potente.»

Lui stacca due alberelli arancioni, io pago e me ne vado.

In macchina mi tolgo le scarpe, le sventolo un attimo fuori dal finestrino, poi ci caccio dentro i due alberelli, uno per scarpa a mo' di plantare.

Perfetto. Adesso nell'auto aleggia un profumo intenso di aria fruttata. Ma nessuno potrebbe pensare che siano le mie scarpe.

Davanti al ristorante c'è un uomo solo, in piedi. Mentre mi avvicino lo studio velocemente. Abiti informali, sorriso simpatico, abbastanza alto e nel complesso piacevole.

Diciamo pure bono.

Usiamo anche la b molto esplosiva.

Sarà lui?

«Salve sono la mamma» dice con un sorriso smagliante.

Gulp.

«Uh... salve! Ha già scelto un tavolo?»

«Sì, se non le dispiace nella saletta. È più tranquillo per parlare.»

Appena seduta mi rendo conto che la saletta è una fregatura. Nell'ambiente piccolo l'odore degli alberelli si diffonde in quattro secondi netti e vedo lui che parla, annusa, si guarda attorno, parla e riannusa.

«Non sente uno strano odore?» dice.

È una domanda alla quale sono preparata.

Fingo stupore, annuso l'aria a mia volta, poi assumo un'espressione perplessa.

«Sento odore di pulito» dico.

«Sì, forse è qualche prodotto per la pulizia» dice lui poco convinto.

Dopo un po' gli alberelli devono avergli completamente saturato il naso perché smette di annusare in giro come un cane da tartufi.

«Ci possiamo dare del tu?» chiede.

«Va bene.»

«Ora ti spiego tutto. In realtà si tratta di due proposte distinte. La prima riguarda una nuova collana che la nostra casa editrice sta progettando. Libri disimpegnati e divertenti. Ho letto che lavori per la rivista di Dotini. Lo conosco bene. Gli ho telefonato e secondo lui sei la persona giusta...»

«Credo che stia cercando di liberarsi di me.»

Sorride.

«A parte quello che dice Dotini, sono rimasto, come dire... colpito dal tuo curriculum.»

«In che senso?» domando, un po' sulla difensiva.

«Era molto, be'... molto dettagliato» dice, fissandomi negli occhi.

Resto in silenzio meditando sul significato di quel "dettagliato". La memoria mi rimanda l'intero file della mia domanda: sette pagine fittamente dattiloscritte, di cui solo una contenente notizie strettamente essenziali. Credo di aver addirittura parlato del fatto che non mi piace la porchetta.

«Hai allegato anche la copia delle ultime analisi del sangue» aggiunge, senza smettere di fissarmi negli occhi.

«Mi devo essere lasciata prendere la mano» rispondo io.

E butto lì una risatina falsamente disinvolta.

In realtà sono a mio agio come se avessi appena scoperto che mi è spuntata una coda da lupo sul sedere.

Tanto per fare qualcosa afferro la caraffa dell'acqua, ma ci metto troppo impeto, quasi volessi stringerla tra le braccia e dichiararmi a lei.

Mi verso da bere e poi inizio a sorseggiare concentratissima, della serie *sono un attimo occupata a calcolare le percentuali disciolte per litro di sodio, calcio e silice...*

Ma lui non ha nessuna intenzione di mollare.

«C'era anche il tuo ultimo esame della vista» dice.

A quelle parole l'acqua mi va di traverso e inizio a tossire.

È abbastanza chiaro: ha voluto incontrarmi di persona per capire che tipo di patologia mentale mi affligge.

Tento di sdrammatizzare e chiedo: «Ho messo anche le strisce depilatorie usate?».

Ridacchio.

Ma un attimo dopo averlo detto, ripenso alle mille implicazioni che Freud o un'altra mente perversa darebbe alla frase.

In fondo si tratta di peli, gente. Strappati!

Qualcosa a metà tra l'esibizionismo e il sadismo.

Mentre invoco mentalmente l'improvvisa apparizione di una fitta nebbia in cui io possa dileguarmi, mi accorgo che sta sorridendo.

Toh, ha il senso dell'umorismo!

«Hai mandato anche l'inizio di un racconto. Mi piacerebbe leggere il resto.»

Mi porge qualcosa di cui nemmeno ricordavo l'esistenza.

Do un'occhiata in fretta alle mie malefatte letterarie.

C'era una volta una donna che una mattina d'inverno si alzò infreddolita, si gettò una coperta sulle spalle e andò in cucina a prepararsi una tazza di caffè, che poi bevve avidamente, ma che la lasciò insoddisfatta. Dopo essersi lavata, la donna, che non era figlia di re e di principi, ma un'insipida ricercatrice universitaria con una specializzazione nel ramo della letteratura di origine popolare, dovette vestirsi per andare a guadagnare il pane. Ora, poiché il pane le piaceva abbastanza, quella mattina le capitò anche di dover faticare con la lampo della gonna, e la cosa la mise di cattivo umore. Non che fosse grassa. Ma l'avvicinarsi del suo quarantesimo compleanno stava coincidendo con l'ossessiva convinzione di doversi dare una controllata. Tempo dimezzato, le veniva da dire tutte le volte che ci pensava. E in quel momento ci stava pensando.

Comunque la pancia – l'aveva letto in un libro che aveva sfogliato in libreria senza poi comprare – era la prima cosa che si riusciva a eliminare, se solo si prendeva l'abitudine di camminare come i toreri. Il libro diceva proprio così: camminare come i toreri. *E per un attimo la donna aveva avuto una visione di se stessa, in piedi di fronte agli studenti, con un'alta fascia in vita e un paio di* banderillas *tra le mani. Erano più forti di lei. Le immagini. Sebbene svolgesse una professione legata alle parole, erano sempre state le immagini ad avere la precedenza nella sua mente. E ora, mentre si spazzolava i capelli rovinati sulle punte da una permanente decrepita ma ostinatamente decisa a non morire, mentre stendeva il rossetto e poi, ripensandoci, lo strofinava via per non avere l'aria di quella che sta per compiere quarant'anni e allora inizia a truccarsi già di prima mattina, si consolò pensando che probabilmente il senso dell'umorismo non invecchia, e quando fosse stata rugosa e vizza – non prima dei novant'anni comunque – le sarebbe sempre rimasta in mente qualche barzelletta da raccontare ai suoi compagni d'ospizio.*

Nel prendere la borsa per uscire, sentì un insolito peso e, automaticamente, fece il suo vecchio gioco. Cosa potrebbe essere? *Si chiese.* Una rivoltella che punterò in fronte alla commessa della rosticceria per insegnarle a non soffiarsi il naso prima di servirmi? *No, impossibile, le armi non le piacevano.*

La scarpa di un uomo? *Sì, la scarpa di un uomo poteva essere.*

Ma perché?

Ci voleva un intreccio abbastanza convincente, che motivasse la scelta simbolica dell'oggetto.

Forse l'uomo la desiderava e voleva sedurla, ma non era abbastanza coraggioso da mandarle un mazzo di fiori, così le aveva infilato la sua scarpa in borsa. Si trattava di rintracciarne il possessore e valutare la possibilità di un seguito, con o senza scarpe... Ma poi le venne in mente che la scarpa era già stata utilizzata, e con successo inimitabile, nella storia di Cenerentola. Quindi scartò anche questa seconda ipotesi e, mentre metteva in moto l'auto, infilò una mano nella borsa per svelare l'arcano e ne estrasse una voluminosa busta marroncino. Allora ricordò! Erano gli atti di un convegno sulla fiaba, che le aveva dato Norman Platter. Norman aveva partecipato al convegno, che si era svolto in Italia, in occasione di una fiera letteraria. Il suo collega, che era intervenuto con un discorso su "La deformità fisica nei racconti di origine popolare, attrazione e repulsione", prima di partire le aveva chiesto di accompagnarlo. Marion aveva rifiutato per una mezza dozzina di motivi, tra cui il desiderio di non intagliare nessuna altra faccia all'insipido rapporto di amicizia, che aveva con Norman, ormai da parecchi anni.

Al semaforo si fermò a leggere l'elenco degli interventi, per vedere se conosceva qualcuno dei relatori, oltre a Norman. La maggior parte dei nomi erano italiani. Marion rinfilò la busta in borsa, con l'intenzione di leggere la relazione con calma, durante la pausa di mezzogiorno...

«Non c'è nessun resto» dico, un po' nervosa, posando il foglio sul tavolo.

«Finisce così?» chiede.

È deluso, si vede chiaramente.

«Sì, è solo una prova» tento di spiegare. «Come quando il pittore fa un bozzetto, hai presente? Faccio un sacco di bozzetti, ecco. E comunque non so proprio perché sia finito nel curriculum. Non avrei mandato quella roba deliberatamente...»

Nonostante tutto non si scoraggia.

«Capisco» dice. «Comunque non mi hai ancora detto se ti potrebbe interessare?»

«Il punto è che non ce l'ho un libro. Sì, insomma, ho delle ipotesi. Mezzi libri. Pezzi di idee buttate giù e mollate lì. E poi onestamente non so se sarei in grado...»

«Ho letto i tuoi racconti sulla rivista di Dotini. Non male.»

«Ma lì ho inventato un personaggio, una creatura strampalata. Probabilmente mi sono ispirata a me stessa.»

«Inventane un altro. Hai presente Trovatti e Cusak? Loro hanno già firmato il contratto.»

«Davvero?»

La notizia mi stupisce. Quei due hanno già venduto libri a vagonate, non sono proprio sconosciuti come la sottoscritta.

«Be', potrei provare» dico.

«Perfetto. Quello era il motivo per cui ti ho chiamato. Nel frattempo ci siamo trovati scoperti con la pagina delle lettere nella nostra rivista "Viola". La conosci, no?»

Taccio e faccio una specie di cenno di assenso.

No, non la conosco ma l'idea è quella di precipitarmi a comprarne una copia appena lui se ne sarà andato.

Nel frattempo mi accorgo di una cosa: mentre parla devo fare uno sforzo per concentrarmi sul significato delle parole.

Sono piuttosto presa dal taglio dei suoi occhi, dal modo in cui si passa una mano sui capelli e dalla sua bocca. Ha un modo di ridere asimmetrico, che deve aver collaudato allo specchio sorridendosi da solo almeno tre miliardi di volte. Quell'asimmetria mi provoca movimenti tellurici alle viscere.

«Da quando i lettori possono scriverci per posta elettronica, la corrispondenza è aumentata tantissimo. Che ne dici?»

Mentre mi guarda, in attesa di una risposta, sento un'angoscia incontenibile avvinghiarmi la carotide. Ci risiamo. Mando in giro le mie domande di lavoro e quando qualcuno mi risponde, vorrei non averlo mai fatto.

«Sarò onesto,» prosegue Giovanni «il lavoro è pagato malissimo e in media le persone che se lo accollano durano tre mesi, poi lo mollano. Ma non devi leggere tutto, peschi una decina di messaggi a caso e ne scegli quattro o cinque a cui rispondere.»

«Ogni settimana?» domando, tanto per fingere un interesse che non provo.

«No, è un mensile.»

«Ah, già, che stupida!» dico.

Poi mi passa una cartelletta con una trentina di fogli.

«Te ne ho portate un po', nel caso tu voglia darci un'occhiata.»

«Le guarderò a casa» dico.

Finito di pranzare lui propone di andare a prendere il caffè sulla terrazza.

La terrazza è a due metri dal mare.

Un angolo di paradiso, e potrei iniziare a rilassarmi, non fosse per un'ape svampita che decide di darmi una pungolata alla caviglia. Chi lo direbbe che un animaletto tanto grazioso, capace di preparare un dolciume ricco di proprietà come il miele, possa infierire così brutalmente?

«Aah!» urlo.

Un attimo dopo la mia caviglia è un salamino.

«Vado a prendere del ghiaccio al bar» dice lui premuroso.

Quando torna mi fa appoggiare il piede su una sedia e inizia a slacciarmi le stringhe.

È un conforto che lui sia così gentile.

Mentre mi sfila la scarpa, l'alberello, che nel frattempo ha assunto un'aria malandata, cade per terra. Lui lo raccoglie, lo rigira tra le mani, poi vedendo che io fingo indifferenza, lo rinfila nella scarpa. Senza dire niente.

Tengo il ghiaccio sul piede per una decina di minuti, quindi decido di tornare a casa.

«Ti accompagno con la macchina» si offre lui.

«Non voglio lasciare qui la mia automobile. Sono sicura di poter guidare. In fondo non è che una puntura d'ape» dico.

Poi svengo. Ma questo adesso non lo so ancora. Me lo racconterà lui, più tardi.

"La fanciulla aprì gli occhi e vide un bellissimo principe al suo capezzale..."

In realtà quando apro gli occhi sono su una lettiga su un'ambulanza e lui è seduto su una sedia, vicino a me.

«Ehi, sto bene. Dove mi portate? Non voglio andare in ospedale» dico.

«Non si agiti» mi risponde un ragazzo che avrà sì e no dodici anni.

«Ma io non mi sto agitando. È vietato svenire adesso?»

«Ti ha punta un'ape, potresti essere allergica. È meglio controllare che tutto sia a posto» cerca di tranquillizzarmi Giovanni.

«Ma tu guarda che situazione del ca...» riesco a sfumare in tempo.

Il mio autocontrollo è andato un po' in corto.

Poi penso a lui, poveraccio, rinchiuso in un'autoambulanza con una mezza sconosciuta e mi sento in colpa.

«Scusa, mi dispiace. Ti ho proprio rovinato la giornata, eh?» gli dico.

«No, tutt'altro» risponde.

Sta mentendo, ovvio. Anch'io darei la stessa risposta al suo posto. In realtà si starà chiedendo perché diavolo non mi abbia abbandonata sulla terrazza del ristorante, magari spingendomi con un piede dietro ai vasi delle camelie.

«Mi sento strana» dico.

«Le abbiamo iniettato un antistaminico, può dare sonnolenza» mi spiega il volontario.

«Così ho meno forza per protestare, vero? Tanto appena arrivati al Pronto Soccorso prendo un taxi e vado via.»

«Ma perché non vuoi farti visitare?» chiede Giovanni.

«Odio gli ospedali. Entri che ti senti in forma e ne riesci con una quantità imprecisata di disturbi e forti manie suicide.»

Lui sorride. È carino quando sorride.

«E poi dovevo andare a cercare il mio cane» dico con voce piagnucolosa. È l'effetto ambulanza.

«Hai perso il cane?»

«No, ne voglio comprare uno, uno di quelli bavosi che fanno paura. Quelli con le gote cascanti, com'è che si chiamano...»

Chiudo gli occhi.

«Un mastino?» suggerisce lui.

«Ecco, sì, non mi veniva.»

«E perché vuoi un cane cattivo e bavoso?»

Che uomo curioso.

«Perché mi deve difendere» spiego. «Ho tanto bisogno di un cane così.»

Mi guarda e sorride di nuovo. Di sicuro sta provando una grande pena. Chi crede che io sia? Cosa si è messo in testa?

«Senti» dico puntandogli un dito contro. «Io non sono una che fa pena alla gente, sai?»

«Non ne dubito» risponde serio. «Facciamo così, se fai la brava e ti lasci visitare, ti accompagno io a comprare un cane.»

«Quando?»

«Domenica pomeriggio?»

«No, domenica devo fare la baby sitter.»

«Meglio, ci andiamo tutti e tre insieme.»
«Tutti e sei» preciso.
Resta un attimo in silenzio.
Poi annuisce.
«Perfetto, la mia macchina ha sei posti.»
Al Pronto Soccorso non mi fila nessuno. La caviglia si è sgonfiata ma in compenso io sto avendo un attacco di medicofobia e firmo velocemente per uscire.
«Ti prometto che farò qualche esame privatamente» gli dico.
Ma lui sembra risentito.
«Sì, certo» risponde, con gli occhi che mandano scintille di furia.
Chiamiamo un taxi per andare a recuperare le macchine e durante il tragitto non mi rivolge la parola.
«Allora, ciao» gli dico al parcheggio.
Lui incrocia le braccia, in piedi davanti a me e sembra che aspetti qualcosa.
«Poi, per quei racconti ti faccio sapere» balbetto.
Silenzio.
«Magari lasciamo perdere per domenica, la faccenda del cane» dico ancora.
«Infatti l'impegno da parte mia era subordinato alla visita in ospedale» dice serio.
Che rompipalle.
«Ma insomma, chi sei? Mia nonna?» sbotto.
«No, per fortuna» dice.
Poi mi dà un bacio. Lì, in piedi, che già mi gira la testa per l'ape, l'antistaminico, il caldo e lo stress delle ultime ore.
Non un bacio appassionato sulla bocca. Un bacetto amichevole sulla fronte.
E mi sorride.
Io resto un po' come una pera cotta.

Un'altra al mio posto avrebbe sorriso di rimando, graziosa e dimessa...

Invece la sottoscritta dice: «Devo andare. Mi scappa la pipì».

Dio, ma perché non penso, prima di parlare...

«Okay, vai a casa. Ti telefono stasera.»

«Stasera è un tempo lontanissimo, nemmeno riesco a immaginarlo» rispondo avviandomi alla macchina.

E quando già sto scivolando in un giardino di felci e peonie, tra battiti d'ali, cinguettii, rami mossi dalla brezza e panorami acquatici, lui si affianca con la macchina, si sporge dal finestrino e mi chiede: «A proposito, perché vai in giro con gli alberelli profumati nelle scarpe?».

Vorrei rispondere, ma non me ne dà il tempo.

«No, non dirmelo! Voglio fare un esercizio di creatività e provare a indovinare da solo.»

Poi se ne va.

Caro diario,
maggio è il mese più dolce dell'anno...

Come scriveva il Foscolo?

«...e sorridevi a lui sotto quel tiglio...»

Sai bene che non posso confidarmi con te, perché ho la paranoia che qualcuno trovi questo quaderno e inizi a leggerlo e io non voglio spiattellare in giro fatti miei, quindi sarò menzognera. O meglio, per rendere il tutto più torbido, inserirò menzogne qua e là, e solo io, io sola, rileggendo ciò che ho scritto, saprò decodificare il diario. (Salvo crisi di memoria.) Comunque non so quanto senso abbia scrivere un diario mezzo vero e mezzo finto. L'unica cosa positiva è che non ho dovuto stare tre quarti d'ora a fissare il monitor nel tentativo di decidere quali caratteri usare. Perché al di là dell'incomprensibilità di alcuni (avete presente Borderbats Fleur Bouquet? O magari le dea Symbol? Chi diavolo li ha inventati? Ma soprattutto. CHI CAVOLO LI USA*??), ce ne sono di cattivissimo gusto. Prendete per esempio quello che si chiama Graverplate. La parola in inglese non esiste, ma comunque il suono per un italiano che parla inglese è piuttosto lugubre.* Grave *significa tomba mentre* plate *è qualcosa come piastra, piastrina. E già ci sarebbe di che inorridire. Ma va aggiunto che* plate *è usato anche nel senso di dentiera! Una tomba con la dentiera? Non potete negare che sia inquietante. Nessuno vorrebbe scrivere le proprie cose con caratteri che evocano macabre visioni. E magari quelli che non conoscono il britannico lo stanno già facendo! Ma andiamo avanti. Ci sono Averyshand, Crossyhand, Hansonhand ecc... vale a dire la mano di Avery, la mano di Crossy, la mano di Hanson. Chi sono costoro? E perché le loro mani se ne vanno in giro a scrivere da sole? Ripenso alla tomba coi denti e se tanto mi dà tanto...*

Ma non di sole mani si beano i fruitori di Word. C'è anche l'occhio di Chart (EyeChart), l'ala di Dings (Wing dings), un certo Julius il Nero, probabilmente fratello di Arial Black. Poi ci sono i generici:

Fernando!

Fritz!

Bernardette!

Come te li immagini, tu, diario, ammesso che quello che ho scritto finora non ti abbia annoiato a morte, costringendoti a rifugiarti in una sindrome da assenza?

Appena a casa mi lancio sul letto e telefono a Talia.

«Ciao, cosa fai?» chiedo stancamente.

«Francesca! Finalmente. Ti ho cercata tutto il pomeriggio. Devo raccontarti una cosa, puoi fare un salto da me?»

«Vieni tu, ti prego, è stata una giornata pesante» supplico. «E poi aspetto una telefonata. Ah, senti... puoi portarmi due panini e po' di prosciutto? Non ho fatto la spesa e non me la sento di uscire.»

Forse Giovanni aveva ragione. Forse avrei dovuto farmi visitare...

«Ma cos'hai?» chiede Talia.

«Un'ape mi ha punto e sono svenuta» spiego. «Che scema, vero? Mi hanno portato all'ospedale con l'ambulanza, ma quando sono stata lì ho preso un taxi e son venuta via.»

«Oh, poverina... Non ti preoccupare, vengo io da te.»

Talia abita a un minuto da casa mia e dopo poco arriva con due borse di spesa: pane, latte, prosciutto, mele, arance, uova e persino i chewing-gum senza zucchero.

Io sono sdraiata in pigiama sul divano con l'energia di un guscio di cozza, mentre Talia, dinamicissima, dà aria alle stanze, sistema la spesa in cucina, raccoglie i miei vestiti e li ripone accuratamente ripiegati, mi serve un bicchiere di spremuta d'arancia, prepara il caffè per entrambe e, finalmente, si siede sulla poltrona davanti a me col vassoio del caffè.

«Ebbene?» le chiedo.

«Si tratta di Tommaso...» esita.

«Cosa?»

Mi guarda negli occhi e tace.

«Dài Talia, non ho voglia di giocare a indovina-indovinello.»

«Be'... stamattina ero a Milano per il programma sul blues.»

«È vero, è venerdì. Me lo sono persa» dico.

Talia fa la disc-jockey nelle feste e nei matrimoni. E una volta alla settimana conduce una trasmissione radiofonica di musica blues. Anche se il blues non è il mio genere preferito, abbiamo comunque entrambe una grande passione per la musica.

«Insomma all'uscita sono andata in centro a cercare un paio di scarpe e mi sono fermata a mangiare un panino in un bar vicino alla stazione. Lui era seduto insieme a una ragazza che poteva avere al massimo vent'anni. Non è strano il destino che me lo fa incontrare a duecento chilometri dal luogo in cui abitiamo? Comunque ho fatto finta di non vederlo e mi sono seduta piuttosto lontano da loro, ma lui deve avermi notata perché dopo due secondi se la sono filata. Non so, forse la mia fantasia lavora troppo... Comunque ho visto benissimo che hanno interrotto il pasto a metà.»

«Credi che quella fosse una con cui... una specie di amante?» chiedo.

Talia sospira.

«Be', era molto carina.»

«Non dovremmo pensare male» dico.

«No, ma Belle è una nostra amica. E loro si sposano tra pochi giorni» dice Talia. «Non voglio impicciarmi, ma non voglio nemmeno che Belle sia infelice.»

«Facciamo una cosa» propongo. «Telefoniamo a Belle e portiamo il discorso su Tommaso, per sapere se oggi era in festa o se magari doveva andare a Milano per qualche motivo particolare. Così ti tranquillizzi.»

«Sì, ma supponiamo che lei ci dica che lui è a lavorare. Cosa faccio? Non me la sento di essere io quella che le apre gli occhi.»

Taccio.

Ho sempre pensato che la cosa migliore sia farsi gli affari propri. Come idea generale.

Ma poi nel particolare questo prendere le distanze dall'impiccionaggine, assume una connotazione alla Ponzio Pilato, vagamente vigliacca, se vogliamo.

«Okay» dico.

Prendo il telefono e chiamo Belle.

«Ciao, a che punto sono i preparativi?»

«Sono distrutta» risponde Belle.

«Ma non puoi farti aiutare da Tommaso? Non si è preso qualche giorno di ferie?»

«No, assolutamente. Anzi in questi giorni sta facendo gli straordinari perché ha un sacco di lavoro.»

«Capisco... I mobili sono già arrivati?» chiedo, cambiando discorso.

«Sì, manca solo il tavolo della cucina e il mobile del bagno. Non vedo l'ora che tu veda la casa, Francesca.»

«Anch'io. Ascolta, ora ti lascio perché non mi sento tanto in forma. Mi ha punto un'ape e ho preso un antistaminico...»

«Ooh! ti ha fatto male?»

«Un po'.»

«Poverina! Io ho il terrore delle api.»

«Da oggi anch'io. Ciao, Belle.»

Riaggancio e mi volto a guardare Talia.

«Lui sta facendo gli straordinari» dico.

«Okay, non voglio trarre conclusioni affrettate» dice Talia «Ma gli dirò che l'ho visto.»

«All'università ho dato un esame sulla menzogna. Ci sono segnali facciali abbastanza precisi per capire se qualcuno sta mentendo. L'ideale sarebbe poterlo filmare mentre gli parli, zoomando sul suo viso, e poi riguardare con calma la scena...»

«Stai scherzando, vero?» chiede Talia.

«Ma no... per esempio la voce ha un tono leggermente più stridulo, e chi racconta una bugia si tocchicchia di più. Ma la cosa da osservare con attenzione è il sorriso: il sorriso falso è solo di bocca, gli occhi non rimpiccioliscono. Inoltre i sorrisi falsi durano più a lungo: un sorriso sincero non supera i cinque secondi. E poi c'è una lieve asimmetria della bocca...»

«E se non sorride?»

«Boh! Forse è un'idea del cavolo.»

«Ce l'hai la videocamera?»

«Non puoi piazzarti davanti a lui e filmarlo mentre gli chiedi cosa stesse facendo il tal giorno nel tale bar, Talia.»

«No, ma metto la videocamera accesa in posizione strategica. Poi inizio a parlare del più e del meno. E a un certo punto tiro fuori il fatto che l'ho visto con una ragazza.»

«Non so, mi sembra una cosa un po' sleale» dico.

«Mica gli faccio filmini porno di nascosto da vendere sul mercato nero!»

«Già che ci sei, potresti provare...» dico io ridacchiando.

«Comunque devo trovare un'idea per farlo venire da me» dice Talia.

Ormai è partita e io mi sento stanca. Non ho la forza per tenerle testa in queste condizioni.

«Sai, oggi ho conosciuto un tale...»

Talia sorride.

«Racconta» dice.

«Non c'è niente da raccontare. Ci siamo incontrati per parlare di un lavoro, poi l'ape mi ha punta, io sono svenuta e lui mi ha accompagnato al Pronto Soccorso. Tutto qui.»

«Hai ragione, succede tutti i giorni» ironizza Talia. «E poi?»

«Domenica mi accompagna a comprare un cane.»

«Un cane? Che cane?»

«Un mastino.»

«Un mastino napoletano? Ma sono cani bruttissimi!

E poi non sei tu quella che ha detto che gli unici animaletti simpatici si trovano nei menu dei ristoranti?»

«Davvero ho detto così? Non è vero, sono praticamente vegetariana!»

«L'hai detto. Era una battuta, ma l'hai detto.»

«Anche se fosse, si può cambiare idea, no?»

«Ma allora perché non ti compri un boxer? Sono così teneri!»

«Non voglio un cucciolone, Talia! Ho bisogno di un bodyguard.»

«Perché? Incidi un disco?»

«Che ridere!» dico facendo una smorfia. «Ti rendi conto che vivo sola in una casa priva di sistema di allarme e con un giardino senza cancello? E questo quartiere non è Beverly Hills!»

«Okay, prenditi il cane. È solo che non ti ci vedo a dargli ordini. Finirà col comandare lui.»

Il guaio è che probabilmente Talia ha ragione.

Aggrotto la fronte e dico: «Be', se mi trovo male, lo avveleno».

«Francesca!» squittisce Talia, indignata.

«Sto scherzando, scema. Lo regalo a qualcuno. A proposito, tu ce l'hai il giardino, no?»

«Scordatelo... Ti ha baciata?»

«Chi?»

«Come chi? Lui, no?»

«In un certo senso.»

«Mi fai impazzire quando dici così. O ti ha baciata o non ti ha baciata. Non ci sono tante possibilità.»

«Ti sbagli. I romani distinguevano tre baci: l'*osculum*, un bacio amichevole, il *basium*, un bacio d'amore, e il *savium*, un bacio di passione.»

«E il vostro?»

«Un piccolo bacetto sulla fronte.»

«Insomma, mi hai fatto un trattato quando potevi rispondere semplicemente "no".»

Talia sospira.

Poi si alza e s'infila la giacca.

«Devo andare. Mi presti la videocamera? Se mi viene in mente qualcosa, chiamo Tommy.»

E se ne va, portandosi via la telecamera e il sacchetto della spazzatura, con un'energia che mi lascia ancora più stanca e un pochino invidiosa.

Di colpo mi sento indignata verso mia madre. Perché non si preoccupa mai di sapere come sto? Compongo il suo numero con furia. Cellulare spento. Telefono di casa con segreteria telefonica.

«Mamma sono di nuovo io. Inizio a chiedermi se quando sono nata tu non abbia preso in considerazione l'idea di gettarmi in un cassonetto dell'immondizia. Nel caso l'avessi dimenticato il mio nome per esteso è Francesca Soprani e il mio numero è sull'elenco. Ciao.»

Sono lì, abbandonata alle ipnotiche immagini della televisione e i persuasori occulti devono aver raffinato la tecnica, perché non solo non riesco a spegnere, ma addirittura sto seguendo tre programmi contemporaneamente! In uno ci sono dei bambini prodigio che fanno cose pazzesche, cantano, ballano, suonano e mentre li guarda, l'adulto assume di colpo consapevolezza della propria inettitudine. L'autostima già vacillante riceve colpi mortali da quei ragazzini dallo sguardo risoluto, quasi cattivo. Prima provi sentimenti meschini nei loro confronti e poi ti ritrovi a ridere di gusto, quando una piccoletta scivola durante un balletto. Trasmissioni insidiose, che generano autodisprezzo e sentimenti bassi verso il prossimo. Alla fine mi dico che devono essere nani del circo travestiti da bambini e cambio canale. Becco il solito documentario porno di Natura Channel.

È vero che di solito gli accoppiamenti sono tra animali, ma se un povero cristo è solo da parecchi mesi, lasciatemelo dire, non è il massimo vedere che tutti, persino gli ippopotami, hanno una vita di coppia più appagante della sua.

Così passo in rassegna i film, e l'unico che non ho visto è di produzione tedesca, ovvero palazzoni di cemento grigi, giornate col sole stranamente grigio e uomini che tengono il trench anche quando vanno al gabinetto.

Squilla il telefono.

«Pronto.»

«Ciao, come ti senti?»

È la sua voce. Piccolo balzerello all'altezza dello stomaco.

«Bene. Un po' stanca.»

«Provo a dare la risposta.»

«Per cosa?»

«Gli alberelli. Li porti sempre con te perché ci sei affezionata?»

«No.»

«Okay. Ne penso un'altra e te la dico domani. Cosa stai facendo?»

Cosa sto facendo? Cerco una risposta che mi renda interessante, tipo "guardo le costellazioni dal balcone" o "sto traducendo un geroglifico". Ma mi spiace essere disonesta mentre lui si è preso la briga di chiamarmi.

«Sono sdraiata sul divano e aspetto una fiammella di energia per catapultarmi a letto.»

«Vuoi che venga lì?»

In che senso? Cosa sta dicendo?

«...Perché?»

«Se hai bisogno di qualcosa...»

Ora non ti montare la testa.

Fa il gentile solo perché è a cinquanta chilometri da te e sa che lo dissuaderai. Tutto lì.

«Sei a cinquanta chilometri da casa mia. Se ho bisogno faccio prima ad alzarmi e andare a prenderla. La mia casa non è molto grande.»

«Va bene. Ti chiamo domani mattina dall'ufficio.»

«Dall'ufficio? Domani è sabato...»

«Lavoriamo lo stesso.»

Prima di salutarmi sento che ha un attimo di esitazione.

«Sì?» chiedo.

«Posso farti una domanda personale?»

«Dipende...»

«Hai anche tu un'insipida relazione con un Norman Platter, esperto di narratologia?»

Ma perché la gente tende ad attribuirti le vicende che fai vivere ai tuoi personaggi? La storia di Biancaneve e i sette nani non ha insegnato niente?

«No. Non ho nessun fidanzato se è questo che vuoi sapere.»

«Okay, ciao.»

«Ciao.»

Sarebbe un momento perfetto, se per mettere a posto il telefono sul tavolino non scivolassi giù dal divano.

Ma fa molto yin e yang, no?

Caro diario,
maggio è il più crudele dei mesi.
Ma forse questo sfogo è una menzogna.

Ci sono giornate che sembrano come le altre. In realtà fingono, tengono in serbo qualcosa. Se mi mettessi zitta in un angolino a cercare di ascoltare, forse sentirei un ronzio, una specie di ultrasuono, che ne so, l'avvertimento di un folletto. Non sempre ci ricordiamo di stare all'erta.

«Pronto, sono Francesca Soprani, vorrei parlare col signor Centi.»

«Mi spiace, il signor Centi è appena uscito con sua moglie.»

Taccio.

Be'? Cosa ti aspettavi, grullona? Ti voleva solo accompagnare a comprare un cane. E magari conosce un posto dove gli danno la percentuale sui cani venduti, tutto lì.

«Vuole lasciargli detto qualcosa?»

«Stiamo parlando dello stesso signor Centi? Della casa editrice Centi?»

Povera patetica. Insisto, pure.

«Naturalmente.»

«Ah, non sapevo che fosse sposato» butto lì fingendo una disinvolta indifferenza che in realtà suona col tono di uno che sta per essere marchiato sulle natiche.

«È sposato da parecchi anni, signora. E ha un figlio.»

«D'accordo, lo richiamerò io lunedì.»

Tronco la conversazione e poi me ne resto seduta sul divano col telefono in mano, a fissare la cornetta. Per dieci minuti buoni. E non so perché l'unica frase che continua a venirmi in mente è in latino: *ego vivus miserrimus*.

Cicerone.

A me nemmeno piace, il latino.

Neanche a farlo apposta dopo un po' il telefono squilla. Questa volta mi prendo tutto il tempo di controllare il numero con calma. Non è la mamma, è lui. Bene, non rispondo.

Il telefono squilla di nuovo dopo cinque minuti.

E poi di nuovo dopo un quarto d'ora.

E va bene, ora gli mando un messaggio così la smette. Dove ho messo il suo biglietto da visita? In cassaforte?

Ma che dico, io non possiedo una cassaforte. Eccolo qui, incollato sull'agenda. Controllo il numero di cellulare e scrivo il messaggio.

Impossib.vederci domani.
Forte raffreddore. Cmnque
cambiato idea su cane.
Compro macchina per
zucchero filato. Ciao. F.

Invio il messaggio. Dopo un po' ricevo la sua risposta.

Posso venire lo stesso
a trovarti? Ti porgo i
fazzolettini di carta
e tu in cambio mi
offri zucch. fil.
Tuo G. :)

Si firma "tuo G.". Che faccia tosta!

Sono piena di
fazz.di carta. Li vendo
persino sulle spiagge...
La risp cmnque è no.
:(

Spedisco e subito arriva la sua replica.

Perché faccina
rabbiosa? A prop. mi
arrendo x alberelli...
Insisto per
venire. E chiama. Non
piace messagg.Ho le dita
grosse e lente
:-*

Conosco l'emoticon che conclude il messaggio. Vuol

dire "Bacio". Sono così stupida che per un secondo sento il cuore che cambia marcia. Poi penso alla sua povera moglie e mi infurio.

Alber. servivano come
prevenzione, in caso
la persona che dovevo
incontr.
avesse puzzato.
xché non te ne
stai con tua moglie
e tuo figlio almeno
la domenica?
..l..
(questo emoticon
l'ho inventato ora:
dito medio al lavoro)

Dopo aver spedito, chiudo il cellulare, stacco il telefono e mi piazzo davanti al frigo.

Sono pronta, oh cibo.

Irretiscimi, stordiscimi, rimpinzami.

Voglio farmi di tiramisù, di gnocchi e Nutella.

La mia fantasia galoppa tra le svariate possibilità di una ricetta multicalorica in cui, perché no, si prevedono sei fette di mortadella spalmate di gorgonzola, che avvolgono un tramezzino al tonno e patate fritte con ketchup. E per dessert un bungalow di fragole alla panna.

(Non è stranamente metaforico, il cibo? Le sue forme, i suoi colori, e i nomi, non sono allusivi?)

Ma naturalmente anche le metafore cibarie del sesso mi tradiscono. Non ho niente in casa per un'orgia luculliana.

Così mi lavo, mi vesto, mi trucco con cura ed esco a fare la spesa, con atteggiamento dignitoso.

Solo quando ormai sto spingendo il carrello e vedo la mia immagine riflessa in uno specchio uscirsene fuori da pile di angurie e meloni, col vestito delle cerimonie, i tacchi alti e un trucco che mi fa sembrare un attore del teatro Kabuki, capisco che non ho centrato il look. Ma tutti quei barattoli e quei pacchetti colorati e pieni di promesse mi danno coraggio.

Non voglio affidarmi al caso e quindi compro tutto quello che vedo, seguendo l'ordine di disposizione sugli scaffali: wafer al cioccolato, baci di dama, crackers all'olio d'oliva delle colline di vattelapesca, schiacciatine da "cuocere in un attimo, subito pronte", salame milanese tagliato bello sottile che a casa ho ancora i piselli freschi che ha portato Talia, pomodorini ciliegia che mi servono per la bruschetta. Aglio, prezzemolo, patate, cipolle, tre tipi diversi di insalata, peperoni carnosi coltivati biologicamente. Banane di quelle che arrivano da posti dove non sfruttano i lavoratori. Pane per la bruschetta. Pasta arrotolata pronta per fare una pizza, lievito nel caso volessi fare del pane in casa. Gelato di soya per sentirmi meno in colpa quando spalerò nella vaschetta direttamente col mestolo. Uova di gallina. Ovetti di cioccolato.

Cerco anche uno shampoo senza *sodium laureth sulfate*, quella roba tossica che serve solo a fare la schiuma, e sapete cosa scopro? Ce l'hanno tutti!

(Se vuoi uno shampoo meno tossico devi andare in farmacia dove una bottiglietta di detergente untuoso formato formica costa quasi quanto una cena per due persone.)

Vedo una madre ignara con un bimbo in braccio che afferra uno shampoo a caso dallo scaffale. Non è giusto che sull'etichetta non ci sia scritto NUOCE ALLA SALUTE.

Così decido di improvvisare.

«Ehi, ma insomma, non si può avere uno shampoo che non sia velenoso qui?» dico a voce alta.

La madre mi guarda interrogativamente.

«Quello shampoo contiene il *sodium laureth sulfate*. Fa male alla salute» dico.

«Non lo sapevo» risponde allarmata, rimettendo subito a posto la bottiglietta.

In un secondo un dobermann in giacca e cravatta è già alle mie calcagna.

Ha fiutato odore di guai.

«Ci sono problemi?» chiede con un sorriso standard.

(Che è lo stesso usato da una tigre affamata di fronte a un capriolo addormentato.)

«Sì, ci sono» dico, restituendo lo stesso tipo di sorriso. «Vorrei uno shampoo che non contenesse questa sostanza.»

E gliela indico col dito.

Il dobermann non è addestrato bene: il sorriso gli scappa di bocca immediatamente.

«Senta, se i nostri prodotti non le piacciono, non è obbligata a comprarli. Comunque non credo che sia responsabilità di chi vende controllare che il prodotto faccia bene o male...»

Sciocchino! Si rovina con le sue stesse parole!

«Un concetto interessante» rispondo. «Lo applicate anche al pesce avariato e ai formaggi scaduti?»

Nel frattempo si è radunata un po' di gente che ci osserva.

Mi sento molto imbarazzata. La mia natura mi vorrebbe tranquilla, in un monastero tibetano o in un chiostro dell'entroterra, seduta in meditazione sotto una pianta. Ma il mio senso di responsabilità rema contro il quieto vivere. Sto diventando come Vasco!

Nel frattempo è arrivato pure un vigile.

«Le spiace seguirmi?»

«Certo che mi dispiace, non ho fatto niente di male.»

«La direzione sostiene che stia creando disturbo.»

«Si chiama boicottaggio. Non è illegale» dico.

«Infatti, ma devo pregarla di allontanarsi. Qui non vogliono fastidi.»

«E chi vuole fastidi? Io sto solo informando questa signora, che come vede ha pure un bambino piccolo, che certi prodotti fanno male alla salute.»

Il vigile sembra in difficoltà e non sa che pesci prendere.

La cosa è andata oltre le mie previsioni.

La signora col bambino in braccio dice: «Se lei se ne deve andare, allora anch'io rinuncio a fare la spesa qui dentro».

Poi si gira verso gli altri in attesa di solidarietà. La maggioranza delle persone non ha nessuna voglia di essere coinvolta. Ma qualcuno fa cenno di sì con la testa.

Finalmente il dobermann è disposto a trattare.

«Mi scusi, ma cosa dovremmo fare secondo lei?»

«Protestate coi vostri fornitori e cercate di vendere anche prodotti alternativi. In fondo ci guadagnate in immagine, no?»

Dobermann ha un lampo negli occhi.

Il lampo di chi fiuta l'*affaire*.

«Ci proveremo, glielo prometto. Sa, noi non eravamo al corrente...»

Il suo tono è di nuovo suadente e cordiale.

Insomma alla fine vengo pure omaggiata di una bottiglia di Pinot, che non berrò mai perché sono astemia, ma sul momento mi dispiace dirlo. Dopo tutto sono stati carini e sarei scortese a rifiutare.

E se invece di un mastino comprassi un dobermann?

Sto caricando le provviste in macchina quando suona il cellulare.

È Talia.

«Indovina!» dice.

«Hai incontrato Mel Gibson, si è innamorato di te e domani ti sposa» rispondo.

Talia mi ha confessato che nel novanta per cento delle sue fantasie erotiche lei è con Mel Gibson. Nel restante dieci per cento, invece, è con un cameriere che conosce solo di vista e che – parole sue – «assomiglia un casino a Mel Gibson in *Braveheart*».

«No, ma ho filmato Tommy» dice, come se tra le due cose ci potesse essere anche solo una similitudine.

«Cos'hai fatto?» chiedo allibita.

Non ci posso credere, l'ha filmato davvero!

«Vieni a casa mia, così riguardiamo il video e tu mi aiuti a capire se mente.»

«Aspetta un momento, Talia, ho avuto una settimana pesante. Emotivamente, intendo dire. Non ho voglia di impegolarmi in questa cosa...»

Non è che non voglia occuparmi di Belle, ma Talia è una persona così casinista. Una volta eravamo tutti a una festa e c'era un tizio che non conoscevamo bene e che stava parlando della nuova barista di un certo bar e di quanto fosse gentile coi clienti e simpatica e solare...

E Talia l'ha interrotto e gli ha detto: «Sì, abbiamo capito, ti piace e le vorresti far vedere la tua collezione di farfalline».

E lì, seduta in mezzo al gruppo, c'era la moglie di questo tipo, che s'è imbufalita e ha chiesto al marito se era vero che gli piaceva la barista e come mai in tanti anni a lei non aveva mai fatto vedere le sue farfalle. Il tizio ha detto che non aveva nessuna collezione, poi quei due hanno litigato e insomma è chiaro, no? Talia è un casino vivente.

«Solo dieci minuti, Francesca!» insiste.

Così dopo un quarto d'ora sono in una stanza con le finestre oscurate, la porta chiusa, io e lei, sul divano, sole.

Che se qualcuno spiasse dal buco della serratura potrebbe pensare che siamo fidanzate.

Invece guardiamo Tommy che racconta la palla più incredibile e lo fa tenendo la testa rovesciata di lato, perché la videocamera era sdraiata quando lo riprendeva.

Si gratta il mento, fa un sorriso che, io e Talia contiamo, dura almeno quindici secondi, ha dei picchi di voce stridulissima. Insomma sta mentendo. Non credo che sia andato a Milano per una questione di lavoro e nemmeno che abbia incontrato nel bar una sua cugina alla lontana.

«Ma non credo neanche che fosse la sua amante» dico.

«Perché?» chiede Talia.

«Guardalo bene. Belle è stata l'occasione della sua vita, un regalo di Dio. Perché mai una ventenne coi numeri da top model dovrebbe volere Tommy?»

Talia ci pensa su. Annuisce e spegne il televisore.

«Sei una persona molto saggia, Fran. Perché non ci ho pensato io?» dice restituendomi la videocamera.

«Ci dev'essere sotto qualcos'altro, magari spaccia quelle tisane d'erba che ci propina a tutte le ore facendole passare per infusi rilassanti» dico.

«Già, magari abbiamo fumato l'erba bevendola come un'innocua camomilla e non ce ne siamo mai rese conto» dice Talia, strizzandomi l'occhio.

Verso l'una arrivo a casa. Parcheggio e inizio a scaricare i sacchetti della spesa.

Borsa a tracolla, sacchetto nella mano destra, videocamera sotto il braccio, altro sacchetto nella mano sinistrá, giornali sotto l'altro braccio. Minimo dovrò fare tre viaggi.

Lui è seduto sullo scalino e chissà perché la prima cosa che penso appena lo vedo è che ci sta bene. Sembra fatto per stare lì, seduto ad aspettarmi.

«Se avessi un cane, non ti avrebbe permesso di avvicinarti a casa mia» dico tanto per dire qualcosa. Perché sono in imbarazzo e si vede benissimo.

«E se io fossi sposato, probabilmente non perderei tempo con una fuori di testa» risponde.

Attimo di pausa meditativa.

«Ho chiamato in ufficio e mi hanno detto che eri uscito con tua moglie... e che hai pure un figlio.»

«Ah! Mio padre... sì è sposato. Il figlio sono io.»

Merda!

C'è da morire di vergogna. In fondo non doveva giustificarsi di niente, non è successo nulla tra noi e io mi sono comportata da fidanzata gelosa. E ora lui penserà che mi piace.

Che tra l'altro è verissimo.

«Vuoi entrare?» chiedo.

«Tu cosa dici?»

La sequenza è proprio questa:

1. *Giro la chiave e spingo la porta.*

2. *Entriamo.*

3. *Poso i sacchetti e lui chiude la porta.*

4. *Apro la bocca per dire una cosa qualunque, ma lui mi bacia.*

Un *savium*.

Di quelli che in una presunta graduatoria di baci sarebbe sul podio.

Da parte sua, per lo meno. Perché io sono così emozionata, imbarazzata, tesa e tutta presa dalla domanda

"Avrò l'alito abbastanza fresco per i suoi standard?", che alla fine mi stacco di colpo e produco un ridicolo schiocco.

Non raccontiamoci palle: il bacio perfetto al primo colpo viene solo al cinema.

«Ci sono altre borse in macchina» dico agitatissima, quando mi lascia andare.

Il commento non è dei più azzeccati, ma credo che si stia abituando alle mie frasi sconclusionate.

«Va bene, ora te le prendo» dice.

E lo fa, ragazzi!

Lo giuro.

Non si lancia indifferente sul divano a guardarmi correre avanti e indietro.

Non fa smorfie del tipo "che palle la spesa".

Non mi dice di lasciare le borse in macchina, che ci pensiamo dopo.

Noo! Va a prenderle!!

E io capisco che è un bravo ragazzo. Lo *sento*.

E inizio ad avere paura.

«È in arrivo una catastrofe di cui non sono al corrente?» chiede, indicando le sette borse della spesa.

«No, ho fatto la scorta per qualche giorno» dico, indifferente.

«Vediamo... baci di dama, merendine alla cioccolata, merendine alla marmellata, budino... tu mangi così di solito?»

«Quella non sono io» dico indicando la spesa. «Nemmeno mi piace tutta, quella roba.»

Forse avrei dato un'impressione migliore di me se la mia spesa fosse stata simile a quella della dolce Linnea di Paasilinna: granchi, asparagi, filetti di trota, pannocchie di mais, champignon, sottaceti, caviale...

«È che ho avuto una settimana difficile» dico mordendomi il labbro.

Chissà perché le frasi più banali ti fanno crollare.

Mi siedo sul divano e inizio a piangere.

E mentre piango gli racconto che mi sono licenziata dal giornale e che anche se non mi mancherà, comunque è un pezzo della mia vita che si conclude. E poi della figlia della vicina che mi ha messo davanti al fatto che io non piacerò mai a nessuno. E della mia amica Belle che si sposa e quindi è un altro pezzo della mia vita che cambia (anche se per fortuna Tommy lo sposa lei e non io). Senza contare lo shock di aver mangiato lumache, l'ape, l'ambulanza e il fatto che per quel lavoro che lui mi ha proposto non so se sarò all'altezza di Cusack (anche se a me non mi piace un fico secco come scrive e non lo dico per invidia solo perché lui vende e me, invece, non mi conosce nessuno). Ma non è tutto: il fatto che lui mi piace e scoprire che era sposato anche se poi non lo era, sì, quella è stata la cosa che più mi ha fatto soffrire.

«Dio, poi al supermercato quella cosa che ho fatto,» concludo «che non l'avevo mai fatta prima e magari per uno di Greenpeace non è niente, ma io ci ho faticato, perché dentro di me sono timida, anche se nessuno lo sa. E se poi proprio doveva succedere avrei preferito in un giorno che non ero vestita e truccata come un attore di teatro giapponese...»

Lui mi guarda pensieroso.

Mi sto proprio sputtanando.

Ma in fondo cosa ci perdo?

Dopo che ha scoperto che porto gli alberelli nelle scarpe, che ha visto il contenuto inquietante dei miei sacchetti della spesa e che ha immeritatamente ricevuto un gestaccio via sms, le mie chances di passare per una donna misteriosa, affascinante ed equilibrata si sono azzerate.

Immagino che tra un po' lo vedrò fuggire con un razzo tra le gambe.

Forse resteremo buoni amici.

Di quelli che si scambiano cartoline a Natale.

«Ti preparo una tazza di caffè» dice. «Tu restatene sdraiata sul divano.»

Poi se ne va nella mia cucina a scaffettierare con l'aria più tranquilla di questo mondo. Ed è lì che comincio a chiedermi se per caso non ci sia qualcosa di strano in lui...

E se fosse uno psicopatico?

Mio dio, nessuno sa che è qui e io l'ho fatto entrare.

Di colpo mi vengono in mente le protagoniste dei libri gialli che ho letto in passato: almeno una dozzina delle vittime erano donne sole e indifese, uccise da semisconosciuti a cui le tipe avevano troppo ingenuamente aperto la porta di casa.

E se in quella ventiquattrore che ha posato sul divano avesse dello spago e un coltello?

Allungo un piede e inizio a tastare la valigetta. Sento qualcosa di duro proprio sull'angolo, qualcosa di appuntito...

«Cosa fai?» mi chiede, apparendomi improvvisamente davanti con lo sguardo accigliato.

«Niente» dico, ritirando il piede di scatto.

«Di' la verità...»

«Eh?»

«Avevi prurito, ti stavi grattando il piede, vero?»

Annuisco.

«Lo sai che il prurito è un sintomo dell'allergia. Secondo me non stai ancora bene, Francesca. Ti sei vista le gambe?»

Santo cielo, ha ragione!

Sono piena di puntolini rossi! E non solo sulle gambe, ne ho un po' dappertutto!

«Ora chiamiamo il tuo medico e gli diciamo di venire a visitarti. Dov'è il numero?»

Poverino, si preoccupa così tanto per me mentre io sto lì a tracciargli un bieco profilo da serial killer.

Non oso oppormi e gli porgo il taccuino col numero del medico.

«È sabato, non trovi nessuno» protesto debolmente.

«E allora chiamo la guardia medica» risponde con tono molto risoluto.

Così mezz'ora dopo sono con la lingua penzoloni davanti a una giovane dottoressa che indossa calze in microrete e tiene il camice opportunamente aperto per lasciar intravvedere un grazioso pancino abbronzato sotto la maglietta azzurra, aderentissima, corta e molto scollata.

La dottoressa prova per me lo stesso interesse che ha un pescivendolo per le interiora dei naselli che pulisce ogni giorno.

In compenso Giovanni deve averla incantata, visto che non smette un attimo di sorridergli e guardarlo, sculettandogli davanti in tutte le varianti concesse a un medico che visita un paziente.

«Allergia» dice alla fine sorridendo, come se la cosa la rendesse felice.

Fa la sua dotta diagnosi rivolgendosi direttamente a lui, come se io fossi incapace di intendere e volere.

Poi ci ripensa e mi degna di una domanda.

«Quanto pesa?»

Stronza.

Questa informazione le serve solo per far notare che lei è in forma come una ballerina della Scala, mentre io invece ho il fisico di una che pulisce il piatto con la lingua.

«Non lo so» dico.

È la verità. Perché pesarsi? Le bilance mi fanno paura. Se il peso cala temo di essere malata, se aumenta temo di essere destinata a obeseggiare per il resto dei miei giorni, se resta stabile, be', allora a cosa serve pesarsi?

«Come non lo sa?» chiede con aria di rimprovero.

«Non devo mica fare un incontro di pugilato» ironizzo.

Lei scuote il capo con disapprovazione.

Carina, ma poco senso dell'umorismo.

Già.

Ma intanto che gli frega agli uomini? Mica vogliono che una racconti le barzellette.

Poi Pancina mi prescrive riposo assoluto e da come sottolinea "assoluto", si capisce che vuol dire di non fare *quella cosa lì,* che semmai, se Giovanni ne ha voglia c'è lei che è a disposizione per qualunque cosa.

Gli dice proprio così prima di andarsene.

«Non esiti a chiamarmi, sono a sua disposizione per *qualunque* cosa.»

E lo guarda fisso negli occhi, come se volesse comunicargli telepaticamente le sue zone erogene. Finalmente si dilegua oltre la soglia di casa, la zoccola, e io rimpiango di non avere già il mastino perché avrei potuto aizzarglielo contro.

Domenica mattina l'allergia è sparita. Io mi sento in perfetta forma, ma Janine dice che non vuole darmi i bambini sapendo che sono stata poco bene. Promette che me li porterà un altro giorno. Così quando arriva Giovanni, ci sono solo io ad aspettarlo.

Salgo in macchina e partiamo.

«Hai mai avuto un cane?» chiede.

«No.»

«Non è facile, quando sono piccoli. Devi insegnargli subito alcune regole precise.»

«Le regole non mi piacciono» dico. «Io stessa faccio fatica a seguirle, figurati il cane...»

Per un po' guida in silenzio, poi dice: «Posso chiederti una cosa?».

«Certo.»

«Noi due stiamo insieme?»

Chiudo gli occhi e inspiro profondamente. Non c'è che dire, è proprio la dichiarazione che tutte le donne sognano di sentirsi fare!

«Ma ti sembra una domanda?» chiedo.

«No, ma tu sei una persona....»

Esita.

«...particolare. E non sono sicuro che quello che c'è stato sino a ora abbia il significato che avrebbe in altre circostanze.»

«Grandioso! Sono pazza e quindi potrei avere in serbo una sorpresa! E cos'è che c'è stato tra noi, a proposito? Non ho firmato nessun certificato di matrimonio, se non sbaglio» dico, cercando di mantenere un tono di voce calmo e indifferente.

«Senti, non fare così adesso...»

«No, senti tu, non mi dire "non fare così" col tono che usano le infermiere coi bambini piccoli!»

«Okay, scusa. Non mi sono espresso nel modo giusto.»

Alzo le spalle.

Perché me la prendo tanto?

«Vabbe', hai solo detto quello che pensavi» concedo.

Finalmente trova una piazzola e ferma la macchina.

«Insomma, pensi che io oggi non avessi altro da fare

che venire con te e quattro marmocchi a comprare un cane? Pensi che l'avrei proposto se non avessi cercato una scusa perché avevo voglia di rivederti?»

«I marmocchi non ci sono» dico.

«Be', qualche volta anch'io ho delle botte di culo, no?»

È così bello e mi sembra strano che con tutti i miliardi di donne perfette che circolano sul pianeta, gli interessi proprio io.

Così glielo dico.

«E se poi non mi volessi più?»

«Perché non dovrei?» chiede.

«Pensa a tutte le donne che ci sono sulla terra...»

Mi costa dire così, mi costa un casino, ma è una cosa che va fatta subito, adesso. E io sono un tipo onesto, cazzo, responsabile.

«...ce ne sono a camionate: bionde, brune, rosse, capelli ricci, dritti, corti, lunghi, tette grandi, tette piccole, vestiti aderenti, costumi microscopici, gonne di tre centimetri, ben depilate, ben profumate, coi vestiti giusti negli armadi, con il controllo del proprio corpo, si lanciano col paracadute, sciano su un piede solo, fanno cento metri in dieci secondi, guidano l'elicottero, hanno il ventre piatto, hanno tanta energia nel fare ginnastica e nessun interesse per i dolci...»

Interrompo e prendo fiato. Lui mi ascolta e mi fissa in un modo che mi mette a disagio.

«E poi ci sono io, Francesca Soprani, non abbastanza alta a Oslo, forse, ma piuttosto alta a Honk Kong, non magrissima nel XXI secolo, ma quasi anoressica nel XIX secolo...» prendo fiato. «A volte divertente, anche se tu ancora non lo sai... Con idee politiche giuste, le mie, ovvio. E con un quoziente di intelligenza più alto di quello dei mastini. Ma... ci sono i "ma" adesso. Ho mille paranoie, il mio corpo è pieno di imperfezioni e sento già la terza età che si avvicina. A dire il vero la sento dal giorno che ho compiuto vent'anni. Nessuno in casa ha pensato ad appendere palloncini colorati e scritte con "Cara Francesca, tanti auguri"... Come dire che ero vecchia e che la dovevo smettere di pretendere privilegi che non mi spettavano più di diritto. Inoltre ho solo un paio di scarpe per questa stagione, e se, puta caso, le ho macchiate di pizza e ho dovuto lavarle, sono costretta a indossarle bagnate per andare agli appuntamenti di lavoro. E se le scarpe all'ultimo momento decidono di mettersi a puzzare di umido, ci infilo la prima cosa profumata che trovo: gli alberelli. Ecco, l'ho detto. Che poi forse attirano le api e mi spediscono al Pronto Soccorso. Ma qui sto divagando...»

Giovanni sorride, scuote la testa e dice: «Sei completamente fusa».

Annuisco.

E poi siccome mi bacia, ed è un bacio più famelico e scatenato di quello che la mia debordante immaginazione avrebbe mai potuto concepire, penso che i latini abbiano dimenticato un termine. Penso che forse avrebbero dovuto inventare il quarto bacio, e chiamarlo *impetuosus* o *libidinosus* o semplicemente *magno cum gaudio*.

Che ovviamente non significa "mangio con gioia".

(Però non esclude che uno mangi con gioia.)

(Ma a essere onesti nemmeno il contrario.)

(Dio, quanto mi viene facile pensare assurdità.)

(Perché non mi pagano per questo?)

(E se provassi col processo di Biscardi?)

Il posto dove vendono i cani mi mette tristezza. Non so cosa mi aspettassi. Ma l'odore, e quelle recinzioni di legno marcio, e tutti questi cani insieme... Dio, perché sono venuta qui?

«Cosa c'è?» mi chiede Giovanni.

Ma me lo chiede davanti al proprietario, che si gira a guardarmi. E io non voglio rivelare i miei stati di confusione a un estraneo.

«Niente» dico.

E sorrido con eccessivo entusiasmo. Che se lui sapesse riconoscere i sorrisi e contasse i secondi probabilmente capirebbe.

«Questa si chiama Italia» dice il proprietario, sollevando un cucciolo che ha l'aria di pesare già più di me.

«Forza, Italia, saluta la signora» dice il proprietario.

«Forza Italia?» chiedo sconcertata.

«Io la chiamo così, ma se non le piace può cambiarle nome» risponde il proprietario.

«Lasci perdere... comunque non voglio una femmina, troppi fastidi quando vanno in calore» dico.

Giovanni continua a guardarmi in un modo che mi fa sentire stupida.

In quel momento noto un cagnolino accovacciato su uno sgabello che si guarda intorno come se dovesse tenere la situazione sotto controllo.

«Mi piace quello» dico.

«Quello non è un mastino. L'ha trovato un tizio sulla strada e ce l'ha portato, ma non l'ho allevato io.»

«Cos'è, un husky?»

«Sì, un maschio.»

«Mi piace molto» insisto.

L'uomo scuote la testa.

«Ha le rotelle fuori posto.»

«È cattivo?» chiede Giovanni.

«No, ma crede di essere umano. I primi due giorni non siamo riusciti a farlo mangiare. Poi casualmente abbiamo scoperto che è abituato a mangiare sullo sgabello, al tavolo. Tutte le mattine appena sveglio abbaia come un pazzo sino a che qualcuno non gli ha lavato la faccia e non si vuol fare vedere quando fa i suoi bisogni. Dobbiamo portarlo nel boschetto, lui cerca il posto, fa quello che deve fare e torna. Se lo vuole e me lo leva di torno glielo regalo.»

«Simpatico» dico. Ma non ho voglia di lavargli la faccia al mattino, né di farlo sedere a tavola con me.

«La capisco. Venga, le faccio vedere Cassius, è bellissimo» dice con orgoglio il proprietario.

Cassius mi lecca un piede e io ritiro la gamba di scatto schifata.

«Ma sbava davvero!» esclamo preoccupata. Poi tiro fuori una salviettina dalla borsa e inizio a pulirmi il piede.

Giovanni e il tizio mi guardano senza dire niente, ma il modo in cui non dicono niente esprime disapprovazione.

«Non so, mi piacerebbe qualcosa alla Snoopy» dico, tanto per sdrammatizzare.

L'uomo tace.

Non conosce Snoopy? Non è possibile, che infanzia ha avuto?

«Sa il bracchetto che siede sul tetto della sua casetta con una sciarpa avvolta attorno al collo e batte a macchina le sue lettere?» insisto.

«Questi cani non battono a macchina» risponde.

Sembra offeso.

«E fa caldo per mettergli delle sciarpe» aggiunge.

«Ma no, certo. Era per spiegare chi è Snoopy...»

Ma lui ormai fissa un punto sull'orizzonte e si chiude in un autistico silenzio. Ho offeso i suoi animali. Non li ho apprezzati.

Devo rimediare.

«Va bene, ne compro due» dico.

A quel punto Giovanni mi prende da parte e mi dice: «Francesca, sei sicura di volere un cane?».

«Perché?»

«Ho la sensazione che dovresti pensarci ancora un po'.»

Taccio.

«Non hai l'aria di godertela un mondo. Lo sai che se prendi un cane poi devi portarlo a fare pipì, comprargli le scatolette, possibilmente aprirgliele, dargli da bere, andare dal veterinario e via dicendo?»

«Forse non ho centrato la razza, forse...» inizio a dire. Poi vedo la sua espressione.

«Sono inaffidabile, è questo che pensi?»

«No, probabilmente non è il momento giusto per prenderti un impegno così gravoso» mi concede lui.

E va bene, sono abbastanza matura da riuscire a fare marcia indietro se mi rendo conto dell'errore.

Così ce ne andiamo senza cane.

«Potrei provare con delle oche» dico, quando sono seduta in macchina. «Ho sentito dire che fanno la guardia.»

«Io credo che il problema della sicurezza sia un falso problema. Altrimenti avresti comprato un cancello o installato un sistema d'allarme. Credo che volessi il cane per un altro motivo.»

«Ah, sì? E quale sarebbe il motivo?» chiedo.

«Ti senti sola, è ovvio» dice.

«Ma niente affatto! Ho un sacco di lavoro, di amiche. E due volte alla settimana vado a pranzo dai miei. Non ho tempo nemmeno per andare in palestra! Come faccio ad avere tempo per sentirmi sola?»

Mentre parlo sento la mia voce scalare picchi altissimi e ne deduco che probabilmente sto mentendo a me stessa.

«Be', forse hai ragione, forse a volte mi sento sola. Sai, ho una famiglia molto numerosa, zie, cugine, nipoti, e anche se mi sono trasferita a soli trenta chilometri, ogni tanto mi manca un po' la confusione di quando ero bambina. Ma solo ogni tanto.»

Giovanni annuisce e continua a guidare fissando la strada, davanti a sé.

«E tu, ti senti mai solo?» chiedo.

«Come no!» risponde.

«Dici davvero?»

Scuote la testa e fa segno di no.

«Ma no, mai. In realtà non so cosa voglia dire» dice.

E ti pareva!

Di colpo mi fa rabbia.

Il perfettone.

Se la guida tranquillo, col braccio fuori dal finestrino, bello contento della vita, tutto vestito in tiro. Guardalo lì, non un capello fuori posto, camicia perfettamente stirata, perché tanto probabilmente ha la colf sottopagata della madre che stira, lava e cucina.

E la macchina! Coprisedili panna senza una briciola.

Si vede che non fa la spesa e non ruba pezzi di pane dal sacchetto sul sedile a fianco.

È questo il tuo segreto, cocco? Odi le briciole?

Uuh, non si è mai sentito solo, lui! E se la rideva felice!

Ora lo metto alla prova.

Mentre lo smonto pezzo per pezzo, lui si gira e mi fa un sorriso da tenerone.

Probabilmente se l'è studiato dieci volte allo specchio prima di venire. Non ha nemmeno stretto un pochino gli occhi mentre mi sorrideva.

Gli sorrido anch'io, altrettanto tenerona. So essere

brava come te in queste cose, sai, uomo che non sei mai stato solo in vita tua.

Così appena vedo un autogrill gli dico di fermare, che ho fame.

Scendiamo e ordino un toast molto ben cotto. Poi prendo un succo di frutta all'albicocca.

«Andiamo» dico.

Lui aggrotta le sopracciglia.

«Non mangi?» chiede.

«No, preferisco mangiare in macchina, andiamo» ed esco pimpante senza aspettare risposta.

Quando sono in macchina addento con energia il mio toast e mastico allegramente. Qualche pezzettino di pane mi scivola sui pantaloni e io con un gesto della mano li spazzolo via, spedendoli dritti sul sedile. Lui si volta a guardare con la coda dell'occhio un paio di volte. Poi inizio a sorseggiare il succo e d'un tratto...

«Dio! Che pasticcio, ho rovesciato il succo! Quanto mi dispiace.»

Lui ferma di nuovo la macchina.

«Mi dai una di quelle salviette che hai usato prima?» chiede preoccupato.

Non ce l'ha con me, devo ammetterlo. Non mi manda furiosamente al diavolo.

Ma è molto preso dai suoi coprisedili. Gli passo un paio di salviettine umide e lui inizia a strofinare con forza.

Alla fine riesce a fare sparire le macchiette dalla stoffa e la maschera di tensione del suo viso si dilegua. Sta meglio, possiamo ripartire.

Be', anch'io sto meglio.

Noi donne soffriamo del complesso di imperfezione. Ci mettiamo a correre dietro a tizi che ci sembrano mitici e irraggiungibili. Il segreto sta nel ridimensionarli subito.

Dall'inizio. Non esiste proprio *non sono alla tua altezza,* tesoro.

Quale altezza? Per adesso cominciamo dal fondo.

«Sai una cosa?» gli dico dopo un po'.

«Cosa?»

«Tu sei una persona gentile, attraente, premurosa...»

«Ma?» chiede lui.

«Ma preferirei che non ci mettessi così tanto impegno per essere impeccabile. Preferirei che qualche volta ti concedessi qualche mossa sbagliata, che ne so, briciole sui sedili?»

«La stai prendendo un po' larga. Vuoi scaricarmi?»

Non so cosa dire. Di colpo mi sento un'idiota.

«No, ma non sono sempre a mio agio con te... Forse dovremmo lasciar perdere.»

«Perfetto, ciao» dice.

Nessun tentativo di fermarmi. Arresta la macchina davanti a casa, ma non spegne il motore. Io scendo e mi sento un po' incerta. Forse sto facendo la più grossa cavolata della mia vita.

«Sai qual è il tuo problema, Francesca?» dice, prima di ripartire. «Tu non ti vuoi impegnare in un rapporto con me perché sai che potrebbe essere una cosa importante e adesso hai paura. Te la stai proprio facendo sotto.»

Poi se ne va furibondo.

Caro diario,

maggio mi ha rotto e non vedo l'ora che finisca.

Ginevra mi ha chiesto di accompagnarla alla messa delle sei. Non ricordo di essere andata a messa dai tempi della prima comunione. Non è strano che improvvisamente proprio lei, la più cinica di noi cinque, abbia ritrovato la fede? Non posso lasciarla sola in questo momento di grande spiritualità. Anche se non ne ho voglia, andrò.

Inoltre potrei accendere un cero e pregare un po' per me stessa e la mia vita di coppia. Che al momento non possiedo.

In casa mi accascio sul divano e prendo il cellulare per mandargli un messaggio.

Scusa. Forse hai
ragione tu.

Dopo un minuto mi risponde.

Domani parto per
lavoro. Quattro
giorni per riflet
tere. Ok?

Sì, ha ragione. Quattro giorni di illuminante introspezione. Dio che casino.

Ok. Buon viaggio.
:)

Resto un bel po' col cellulare in mano in attesa di una risposta. Dopo un'oretta inizio a pensare che forse per il momento non mi manderà altri messaggi, ma sono comunque riluttante a posare il telefonino.

Fortunatamente il telefono di casa squilla e mi distoglie dallo stato di infelicità catatonica.

«Allora, il cane?»

È Talia.

«Forse ne compro uno di gomma» dico, svogliata.

«Sì, è meglio. Ci vediamo stasera?»

È vero! La serata tra amiche.

«Me n'ero completamente dimenticata.»

«C'è tempo, sono solo le sette. Vuoi che rimandiamo?»

«Ma no, venite. Mi fa piacere.»

Dopo un'oretta ci siamo tutte. Io, Talia, Ginevra, Belle e Sara.

Stiamo mangiando pizze da asporto sedute davanti alla televisione e guardiamo un dvd preso a nolo con Edward Norton, uno dei miei attori preferiti, e Ben Stiller. Sara dice che è un film da ridere, ma la storia parte già male: un prete cattolico (Norton) e un rabbino (Stiller) che si innamorano della stessa ragazza. Non può far ridere. È chiaro che uno dei due dovrà soffrire, no? Quando finisce mi metto a piangere, anche se è solo un film, perché credo comunque che ci possano essere da qualche parte preti che hanno preso i voti troppo giovani e che si struggono d'amore per una ragazza conosciuta successivamente.

«Bel film che hai portato, Sara!» sbotta Belle.

«Fra, cosa ti succede? È colpa del film?» chiede Sara, dispiaciuta.

«Niente, niente, non ci fate caso, sono una sentimentale...» dico, asciugandomi il naso.

«Su, su, ora vi racconto io qualcosa di bello» dice Talia, facendo un sorrisetto misterioso. «Ho conosciuto Mel!»

«Hai conosciuto Mel Gibson?» chiede incredula Ginevra.

«Ma non quello del cinema, l'altro Mel. Quello che fa il cameriere e gli assomiglia un casino» spiega Talia. «Sapete che di solito parcheggio l'automobile a mezzo chilometro da dove abito per poter passare a piedi davanti al ristorante e dargli un'occhiatina, no?»

«Sì, Talia, lo sappiamo» dice Sara.

«Be', oggi pomeriggio ho trovato parcheggio proprio davanti al ristorante. Lui stava sistemando qualcosa in veranda. Allora ho fatto finta di niente e gli ho chiesto: "Si può parcheggiare qui?". Lui mi ha indicato il cartello del disco orario. Poi gli ho detto: "Ah, bene. Ciao" e me ne sono andata.»

«Tutto qui?» chiede Ginevra.

«È il primo passo, no?» risponde Talia.

«Ma allora non ti ha nemmeno parlato, ti ha solo fatto un gesto con un dito...» sbotta Ginevra.

«Ma certo che mi ha parlato, quando sono andata via mi ha detto "ciao" e mi ha guardata in uno strano modo.»

«T'avrei guardata in un modo strano anch'io» dice Belle, ridendo.

«A proposito di guardare in un certo modo» dice Ginevra. «C'è il benzinaio vicino a casa tua, Belle, che mi manda messaggi simbolici, ogni volta che mi fermo a fare il pieno.»

«Di che tipo?» chiedo incuriosita.

«Maneggia la pompa della benzina, che secondo Freud è il simbolo fallico maschile per eccellenza...»

«Ai tempi di Freud non c'erano nemmeno le pompe di benzina» dice Belle.

Ma stiamo già tutte ridendo.

«Non importa, lui si vedeva circondato da peni» taglia corto Ginevra.

«Insomma maneggia questa pompa e intanto mi lancia occhiate di fuoco.»

«Ma come fa a lanciarti occhiate di fuoco se tu sei seduta al volante e lui è dietro, occupato a far benzina» chiede Talia, mentre noi continuiamo a ridere.

«Sceme! Mi fissa dopo, quando lo pago.»

«Vorrà esser sicuro che non lo freghi sui soldi» dico. Ginevra sbuffa.

«Con voi non si può parlare seriamente.»

«A proposito di cose serie,» dice Talia «sapete qual è

una cosa che una donna di oggi non dovrebbe proprio tollerare in un uomo?»

«La violenza?» domando.

Talia fa segno di no con la testa.

«I tradimenti?» chiede Sara.

«Acqua, acqua, riprovate» risponde Talia.

Ginevra sbuffa.

«Dài, diccelo, ci arrendiamo.»

Talia fa un sorrisetto e dice: «Le mutande con l'apertura sul davanti».

«Che orrore!» urla Sara, mentre io e Ginevra scoppiamo a ridere.

Ed è proprio allora, mentre inizio a godermi la serata, che il telefono squilla.

Dicono che noi donne abbiamo una specie di sensibilità, una sorta di sesto senso, e "sentiamo" le cose prima che accadano.

"È lui" penso. E vado in camera mia a rispondere, col cuore che batte.

«Francesca...»

«Mamma! Sono quattro giorni che aspetto una tua telefonata! Dov'eri finita?»

«Lo sai che non mi piace il telefono. Comunque potevi chiamare tu, no?»

«L'ho fatto! Ma tu non ci sei mai e non ascolti nemmeno i messaggi.»

«Certo che ascolto i messaggi! Quella stupidata del cassonetto... Non mi piace che scherzi su certe cose...»

«Mamma, io non scherzavo affatto. Non ti fai mai viva, non vieni mai a trovarmi. Insomma potrei essere morta e tu nemmeno lo sapresti!»

«Ma lo so che non sei morta, sento i messaggi sulla segreteria e leggo i tuoi articoli sul giornale, no? Comunque perché non sei passata oggi pomeriggio? Passi sempre la domenica.»

«Non potevo, dovevo andare a comprare un cane.»

«Un cane? Non comprare un cane, Francesca! A te non piacciono i cani.»

«Ma cosa vuol dire che non mi piacciono? Non sono mica dei vestiti o dei libri! Sono creature con le quali devi stabilire un'intesa. Comunque non l'ho preso.»

«Va bene, devo scappare adesso. Domani sera ne ho cinquanta. Tutti uomini, cacciatori.»

La mamma ha una ditta di ristorazione a domicilio. Lei e la sua amica Nora preparano cene importanti. La loro specialità è il pesce e siccome sono molto brave, hanno messo su un discreto giro, tanto che hanno dovuto assumere due aiutanti.

«Cosa preparate?» chiedo.

«I piatti forti sono i tagliolini all'aragosta e la dorata reale, ma dobbiamo ancora decidere se associare un vino bianco della Provenza, un Bordeaux bianco o un Chardonnay australiano. Tu cosa ci vedresti?»

«Mamma, chiedi consiglio a un'astemia?»

«Già, già, ma cosa ti suona meglio?»

«Cosa mi suona meglio? Provenzale, direi. Non ce lo vedo un vino che arriva dall'Australia con i tagliolini.»

«Giusto. Se non hai niente da fare puoi venire a fingere di aiutare. Non è facile incontrare cinquanta uomini in una volta sola...»

So che voleva dire un'altra cosa, ma la sua frase suona terribilmente oscena.

«Ho da fare.»

«Okay, ciao.»

«Ciao, mamma. Ci risentiamo prima di Natale?» chiedo.

«Ma certo» risponde, senza cogliere l'ironia.

Torno in salotto.
«Mia madre» dico, vedendo che mi guardano tutte con invadente curiosità.
«Come sta?» chiede Talia.
«Sempre indaffarata. Domani sera prepara per cinquanta maschi.»
«Cavoli! Ha bisogno di una mano?» chiede Sara.
L'idea mi spunta fuori così, di colpo. E se in mezzo a quell'orda di bestioni aggressivi ci fosse l'altra metà di Sara?
«In effetti, sì» dico, senza guardarla per non far vedere che sto raccontando una balla. Uno dei miei limiti: le bugie mi vengono male.
«Anzi stavo per chiederti se potevi fare un paio d'ore in sala» aggiungo.
«Tu ci sei?» chiede Sara, esitante.
«Certo.»
«Allora vengo, può essere divertente.»
«Bene» dico. «Dovremo indossare camicetta bianca, gonna nera e scarpe con un po' di tacco. E ti dovrai truccare un pochino...»
«Lo sai che non mi trucco mai.»
«Per una volta non ti metteranno sul giornale, Sara!» sbotta Ginevra.
«La mamma l'ha raccomandato» dico, improvvisando.
«No, il trucco no...» protesta Sara, a disagio.
«Ti trucco io, una cosa leggera, dài» dice Ginevra, con un tono che non ammette repliche.
«I vestiti ce l'hai?» chiede Talia, che ha afferrato il mio piano al volo.
«Sì, la gonna nera ce l'ho. La camicetta però dovrò farmela prestare...»
«La tua gonna è oscena. Praticamente è una tendina con la cerniera da un lato» dice Talia. «Ti presto la mia.»

«Ma io sono più alta di te, mi starà corta e poi...» dice Sara.

Di colpo s'interrompe e ci guarda.

Ha capito.

«State pensando di trovarmi qualcuno?» chiede, arrossendo.

«No, stiamo cercando di presentarti al meglio...» dice Ginevra.

Ma Belle la interrompe.

«Uffa, quante storie! Sì, è vero, stiamo cercando di trovarti qualcuno, e allora? Ti sembra strano?»

«Be', io non ho intenzione...»

Sara è in difficoltà.

Dovrebbe farci tenerezza. E il più delle volte è così. Ma qualche volta ci fa rabbia. Direi che ci fa andare fuori di testa.

A turno. E questo è il turno di Belle.

Perché Sara è buona, dolce, carina, ma fa di tutto perché nessun uomo se ne accorga.

«Ti rendi conto che hai trentadue anni e in sostanza sei ancora vergine, cazzo?» strepita Belle.

«Smettila, Belle» dice Talia.

«No, che non la smetto. Giuro che se domani sera non ti sei fatta un fidanzato, pago qualcuno che ti rapisca!»

Trattengo il fiato e aspetto la catastrofe.

Ma Sara non se la prende. Sorride e dice: «Okay, ci conto».

Così ci sentiamo tutte un po' più sollevate.

Magari domani è la volta buona, chissà...

«Non è che potresti pagare anche il mio cameriere?» chiede Talia.

«Perché non gli scrivi?» chiedo, scherzando.

Un anno fa Talia si era presa una cotta per il suo

istruttore di ginnastica e gli mandava dei bigliettini anonimi.

«L'ho fatto» risponde.

«Non mi dire che hai ricominciato con quella storia!» esclama Ginevra, inorridita.

«No, questa volta gli ho scritto una lettera. E l'ho firmata. Tanto non sa che sono io...»

«L'hai firmata con nome e cognome?» chiedo.

«No, solo Talia.»

«Santo cielo, non è che di Talia ce ne siano un casino da queste parti» dice Belle. «Basta che chieda un po' in giro e capirà subito che Talia è la tipa che abitualmente fa vasche davanti al ristorante, nelle ore in cui lui è al lavoro, che se lo mangia con gli occhi e che inventa scuse patetiche per attaccare bottone.»

«Comunque non l'ho ancora spedita. Ce l'ho qui nella borsa, volevo un vostro parere prima di...»

Talia prende una busta tutta stropicciata e tira fuori un foglio spiegazzato e pieno di cancellature.

«Non vorrai spedire la lettera in quello stato?» chiedo.

«Sì, uffa. Vabbe' poi la ricopio. Ve la leggo...»

Caro Mel,
(scusa se ti chiamo Mel, ma non so ancora il tuo nome e trovo che tu assomigli un casino a Mel Gibson, non il Mel Gibson patetico di quel film in cui legge nella mente delle donne, ma l'irresistibile Mel di Braveheart*).*

Credo che tu sappia chi sono perché anche se non ci parliamo, vedo che tutte le volte che passo davanti al posto in cui lavori, ti giri a guardarmi. Se il motivo per cui mi guardi è lo stesso per cui io ti ho scritto questa lettera, non potresti fare un piccolo gesto e rendere espliciti i tuoi sentimenti? Se invece mi sono sbagliata e che ne so, magari soffri di torcicollo, oppure guardi tutte le ragazze che passano perché sei gay e cerchi un look da imitare, dimentica questa lettera e le prossime volte fai finta di niente. Che vuol dire continua pure a guardarmi come mi guardavi prima. (Se ne hai voglia.)

Ciao

Talia.

«Ma è una lettera orribile, sconclusionata e poi... poi... gli dici praticamente che se non gli piaci tu, lui è gay!» dice Belle.

«No, dico che se non ha il torcicollo, magari è gay. È una specie di battuta» risponde Talia.

«Sì, diciamo una specie imparentata molto alla lontana.»

Belle scuote la testa.

«Non è così male» dice Sara, cautamente. Poi si volta a guardarmi: «Tu cosa ne pensi?».

«Io morirei dal ridere se la ricevessi» dico. «E mi verrebbe voglia di conoscere la tipa che me l'ha mandata.»

«Comunque agli uomini interessa solo quella cosa lì» taglia corto Ginevra. «Perciò va bene, perché praticamente ti stai offrendo su un piatto d'argento... Aspetta che la riceva e poi vedi come corre in farmacia a comprare una confezione da borgata di ricostituente e un pacco magnum di "Sento".»

«Perché? È sordo?» chiede Sara.

Noi quattro la guardiamo allibite.

Poi io prendo una decisione: Belle ha ragione, se non succede niente domani sera, i soldi per far rapire Sara ce li metto anch'io.

Caro diario,
ti ricordi la messa di Ginevra? Be', non c'era nessun ritorno di fede. Mi ha fatto andare con lei solo perché le piace il nuovo prete di questa chiesuccia imbricata sui

monti. Non ci posso credere! Il povero prete se ne stava lì, ispirato, a pregare per le anime dei fedeli, e Ginevra in prima fila, con tanto di messale in mano, ordiva le sue trame. Sì, okay, il prete era belloccio, ma è un prete, santo cielo! Te lo immagini che prima di baciarti chieda perdono a Dio e che dopo averti baciato si rinchiuda in camera a fustigarsi per i pensieri impuri? Insomma, no e poi no. Non deve pensarci neppure da ubriaca. Devo trascinarla su altre piste.

Comunque è stato così imbarazzante quando si è alzata ed è andata a fare la comunione. Solo in quel momento mi sono resa conto che la chiesa era brulicante di donne di tutte le età. E tutte erano in fila ad attendere l'ostia tranne me. Sai che non mi piace attirare l'attenzione e in quel modo sembravo l'unica peccatrice del gruppo, quella che non aveva l'anima abbastanza candida per unirsi a Cristo. Una specie di Maria Maddalena, prima della redenzione. Tu che significato daresti alla cosa?

Alle sette di mattina mi sveglia una telefonata.

È Vasco.

Pazienza.

Vorrà dire che mi alzerò prima e avrò più tempo per lavorare.

«Non sei passata ieri.»

«Ho avuto una giornata pesante.»

«Volevo dirti che mi dispiace per l'altra mattina...»

«Smettila, neanche ci pensavo più.»

«È che sto passando un periodo difficile.»

«Roba di donne?»

«Forse... anzi, non è che potresti mettere una buona parola con quella tua amica dai capelli rossi?»

«Belle? Sta per sposarsi, Vasco.»

«Be', allora con la bionda. È carina.»

«Ma cos'è? Una vale l'altra? Ti saprò dire, comunque...»

«Passi dal bar stasera?»

«No, stasera aiuto mia madre in una cena. A proposito, Vasco. L'altro giorno al supermercato ho fatto un po' di casino per quello shampoo tossico di cui mi avevi parlato.»

«Grande! Sai che hanno tentato di far passare questa cosa per una bufala, una leggenda metropolitana che girava in Internet. Così adesso la gente ha le idee più confuse di prima... D'altronde tra prodotti transgenici, uova marce, latte all'inchiostro, grano contaminato, un po' di shampoo tossico non fa nemmeno più effetto.»

«Sì, e intanto la gente non sa cosa fare...»

«Passaparola, boicottaggi, petizioni. Domani sono in un liceo a spiegare ai ragazzi cosa sono i prodotti OGM.»

«Ti ascoltano?»

«Devono. Parlo del loro futuro, no?»

«Buona fortuna, Vasco. Poi mi racconti.»

«Sì, ciao.»

Questi cacciatori sono granosi a giudicare dalla casa e dalle macchine. Sara è agitatissima. Continua a tirarsi giù la gonna, che, sì, devo ammetterlo, è davvero un tantinello corta. Per fortuna non ha ancora visto come l'ha truccata Ginevra perché l'ho convinta a non guardarsi allo specchio. Le ho detto che in questo lavoro bisogna essere calme e concentrate e che se lei iniziava ad andare in paranoia per il trucco magari faceva dei pasticci. Mi ha dato retta e mi ha seguita sulla macchina come un cagnolino.

Ma nell'atrio c'è uno specchio enorme. Sara si vede, arrossisce, si porta le mani al volto, poi esclama: «Sembro una donna da bordello! Una prostituta a caccia di uomini».

Un tizio seduto su un divanetto sta seguendo la scena con interesse.

«Sara...» dico, facendo un verso per attirare la sua attenzione sullo spettatore, che lei non ha ancora notato.

Ma Sara non mi ascolta, si gira e si abbassa per vedere se le si vedono gli slip.

«Lo sapevo che mi spuntavano le mutande!» esclama angosciata.

«Non devi mica servire a culo in su» sibilo. Sono proprio seccata dall'espressione divertita di quel tale.

Poi Sara si gira, inizia a far ruotare la borsetta e si mette a camminare ancheggiando. Si ferma un attimo davanti a me, mi strizza l'occhio con atteggiamento equivoco e dice: «In fondo se non mi rinnovano il contratto alla biblioteca, posso sempre fare carriera su qualche marciapiede».

Si rimette a camminare sculettando, ma scivola sui tacchi alti e finisce lunga distesa per terra. Si rialza subito ridacchiando e si sistema la gonna che nel frattempo le è salita sotto le ascelle.

Dev'essere impazzita! Cosa le prende?

L'afferro per un braccio e la stringo dicendo: «Mia madre ci aspetta!».

Intanto le indico col naso il tizio sul divano.

Lei si gira, lo vede e va in apnea.

«Salve, ooooh, mi scusi, credevo non ci fosse nessuno qui... voglio dire nessuno oltre a me e alla mia amica...»

«Non si preoccupi per me. Anzi se vuole continuare...» dice, il tale, con l'aria di uno che se la gode un mondo.

«No, abbiamo da fare» abbaio io, trascinando via Sara.

La mamma ci viene incontro e ci spiega i nostri compiti.

Ci ha assegnato un ruolo fondamentale e di prestigio: portare via i piatti sporchi.

«Servire non è facile, Francesca» dice, vedendo la mia smorfia schifata. «E ti assicuro che anche sparecchiare richiede una certa cura, a questo tipo di cene.»

«Perché? Devo portare via i piatti ballando sulle punte?» chiedo.

«No, ma non devi sbattere le posate, schizzare i vestiti di cibo o far cadere i piatti in terra.»

«Credo che sia un compito all'altezza di qualunque gorilla ammaestrato.»

Mentre parlo, Sara non mi ascolta. Ha una strana luce negli occhi. Che il trucco l'abbia resa folle?

Poi ho un'illuminazione cosmica.

«Hai bevuto?» le chiedo.

«Solo un bicchiere di bianco» dice. «Forse erano due. Solo che ero a stomaco vuoto e non sono abituata... Ho letto che aiuta, nelle situazioni difficili.»

«Cazzo, Sara! Non lo dovevi fare!» sbraito.

«Ma perché?»

«Non si affrontano situazioni difficili bevendo, non lo capisci? È come dire che tu da sola non ce la puoi fare. È... è come barare. E se lo fai una volta, poi lo farai di nuovo. Vuoi diventare una vecchia ubriacona che cammina sulle gambe malferme e si fa la pipì addosso?»

Sara fa segno di no.

«Non barerò più, lo prometto, ma adesso come faccio a servire a tavola? Se cado di nuovo?»

«Tu non servi a tavola, Sara. Io e te dobbiamo portare via gli avanzi, siamo le spazzine, capito? Okay, beviti un caffè, io vado a dare un'occhiata alla sala.»

Dall'oblò spio la gente seduta a tavola. E di colpo ho la stessa fifa che avrei se dovessi salire su un palco a esibirmi di fronte a una platea. Ci sono una valanga di uomini di tutte le età. *Solo uomini.*

«E se non si comportassero bene?» chiedo a mia madre.

«Cosa vuoi dire?»

«Se non fossero educati?»

«Qui ho padelle di tutte le misure. Il fatto che ci paghino il pranzo non ci impedisce di prenderli a padellate se rompono le scatole» dice tranquilla la mamma.

Di colpo mi rendo conto di che donna forte e sicura di sé sia mia madre. È rimasta vedova all'età di trentanove anni. Dover fare da padre e da madre a me e a mia sorella l'ha obbligata a mettere da parte ogni debolezza.

La cena inizia. Guardo ammirata i due camerieri che servono in tavola: si muovono con scioltezza, tranquilli, e ogni movimento è calibrato e preciso. E, dio, avranno sì e no vent'anni!

Spero che dopo tanta maestria, io e Sara non faremo la figura di due goffe incapaci.

«Però mi fa schifo toccare i loro avanzi» dico.

«Infila questi» dice la mamma, passandomi dei guanti usa e getta.

«Forte!» ridacchia Sara. «Tipo sala operatoria!»

Okay, tocca a noi. Entriamo spingendo il nostro carrellino e io fingo di non accorgermi che Sara ha assunto l'aria di un medico che spinge un carrello in clinica.

Coraggio, spazzina, non dimenticare che sei qui perché hai una missione: aiutare Sara a trovare un uomo che le dia un po' di fiducia.

Così mentre raccatto rimasugli e impilo piatti, studio di sottecchi le facce dei commensali.

Dall'altro lato della sala, lei se la sta spassando. Ridacchia con quel tipo che era seduto nel divanetto e intanto caccia via rumenta dai piatti.

Poi succede. Come in un film al rallentatore... no, ma cosa dico? Come in un incubo al rallentatore, vedo Sara che piega la testa di lato, il suo sorriso rivolto al tizio, i suoi capelli fluttuanti nell'aria, la sua mano che versa spazzatura e i suoi occhi, maledizione, i suoi occhi che non guardano nella direzione del piatto che sta rovesciando, e vedo le schifezze (per la cronaca: foglioline di insalata, pezzi di riso, buccia di limone) attratte dalla forza di gravità, che cadono sui pantaloni del vicino di sedia del nuovo amico di Sara.

1. *Trattengo il fiato e prego*
2. *Il vicino è distratto*
3. *Sara si allontana*
4. *La rumenta resta lì, sui pantaloni*
5. *Il cassonetto umano non si accorge di niente*
6. *Io di colpo divento credente*

Torniamo in cucina coi nostri carrelli colmi di pattume cibario e Sara mi dice che ha fatto amicizia col tipo del divanetto.

«Sara, sono contenta che quel tipo t'intrippi, ma hai gettato mezzo chilo d'insalata addosso al suo vicino, stai attenta per favore.»

«Davvero? Mi dispiace, vado subito a scusarmi...»

«Non ti muovere di qui, Sara. Lui non s'è accorto di niente e tu neppure. Dio ha deciso così, no?»

Abbiamo appena il tempo di sistemare i piatti sporchi nelle lavastoviglie, che tocca di nuovo a noi.

Altro paio di guanti, altro giro col carrello.

«Sara,» le raccomando «quando sei vicino al tizio dell'insalata, non lo guardare, hai capito? Non guardare i suoi pantaloni per nessun motivo, okay?»

Sara fa segno di sì e parte in quarta col suo carrello. Ha sulle labbra un sorriso che non è per niente tranquillizzante.

Ma questa volta le cose filano lisce.

Dopo un paio di altri giri in sala sono esausta.

Il lavoro in sé non è faticoso. È la tensione che ho accumulato a sfinirmi.

Anche la mamma e la sua amica hanno l'aria affaticata.

Sara invece è dispiaciuta che sia già finito.

Il suo flirtare s'interrompe così: sulle tazzine sporche di gelato che ha raccattato nel finale.

Usciamo e quel tale è in piedi vicino alla nostra macchina con un amico. Hanno l'aria di aspettare noi.

Come fa a sapere che quella è la nostra macchina? A parte il furgoncino della mamma con la pubblicità sulla fiancata, ci sono solo Jaguar, BMW cabrio, un paio di Porsche e qualche modestissima Saab. Perché dev'essere per forza mia, la Golf nera di nove anni, ammaccata sul davanti?

«Ciao» dice il tipo del divano.

«Questo è Walter» dice Sara.

«Piacere» dico studiandolo.

Il garzoncello è grazioso. Non troppo alto, ma Sara può sempre togliersi i tacchi. Begli occhi, bel sorriso e sembra molto preso da Sara. Vuoi vedere che finalmente ci siamo!

L'amico si presenta da solo.

«Ciao, io sono Paolo» dice.

Un bel giovanottone dall'aria sana, col fisico di chi fa regolarmente attività sportiva. Vestito casual, ma non casual da saldo. Casual da duecento euro a pezzo.

«Ciao, Paolo. Ti dispiace reggermi la cena mentre cerco le chiavi nella borsa?» dico, mettendogli in mano il sacchetto con il cibo che mi sono portata via e che divorerò appena arrivata a casa. Così ridimensiono un po' i ruoli.

Paolo regge e io inizio a rovistare.

«Veramente volevamo chiedervi se avevate voglia di andare a prendere qualcosa» dice Walter.

Faccio mentalmente il punto della situazione: le scarpe col tacco alto mi fanno male, non ho cenato, indosso una camicetta bianca e una gonna nera che sono quanto di più lontano possa esserci dal mio abituale abbigliamento e, soprattutto, ho bisogno di una doccia. Ma Sara sembra pimpante e ansiosa di accettare.

«Okay, ma solo un caffè» dico. «Sono un po' stanca.»

Così saltiamo a bordo di qualcosa di lungo e scuro che ha il motore silenzioso come un ladro in azione. Io mi siedo davanti, vicino all'amico, Sara s'imbosca dietro con Walter.

Tra me e Paolo sboccia una conversazione di una noia letale, della serie lui parla di se stesso e io annuisco.

Poi ci sistemiamo al tavolino di un microscopico bar dalle luci basse e vien fuori che non sono cacciatori di quelli che vanno a stanar lepri o fagiani. No, questi partono attrezzati come Rambo e vanno in Romania a cacciare gli orsi o in Argentina a stendere puma e bufali.

Mi monta un po' di furia, ma m'impongo di stare calma.

«Io sono contraria alla caccia» dico, sbadigliando col sonoro.

«Perché non la conosci» sentenzia Paolo, usando il tono di superiorità che dev'essere in dotazione con conti bancari di un certo calibro.

«Non la conosco direttamente» dico. «Ma se parliamo di popoli che basano la loro economia su caccia, pesca e raccolta di vegetali, allora una vaga idea me la sono fatta. Loro usano lance, archi con le frecce, cerbottane, boomerang... Un po' diverso dalle bombe a mano che probabilmente utilizzate voi quando giocate agli indiani, no?»

Paolo mi fissa incuriosito.

«Fra...» dice Sara, lanciandomi uno sguardo tipo "non rovinare tutto".

Ma ormai sono lanciata.

«Sai,» proseguo «ho letto che queste armi vanno anche caricate di forza magica... incisioni, piccole sculture che ai nostri occhi possono sembrare irrilevanti, ma invece sono indispensabili. Senza quei complementi la battuta non può avere successo. Ecco, per capirci, non ho nulla contro *questo* tipo di caccia. È l'inutile, dispendiosa e goffa imitazione di cui parlavi prima che proprio non mi va.»

«Mi arrendo» dice Paolo, e mi guarda con un interesse nuovo.

Con un luccichio nelle pupille, come se il fatto che io possa essere al corrente di qualcosa che lui ignora sulle origini del suo hobby preferito ci accomuni.

Lo so, lo so, è stato un comportamento infantile.

Non avrei dovuto, ma i ricconi mi fanno questo effetto.

Sono prevenuta. Cosa ci posso fare?

Poi, forse contagiata dalla mia vicinanza, per una sorta di osmosi, proprio quando il ragazzo del bar ci sta servendo al tavolo, la dolce Sara se ne viene fuori con un imbarazzantissimo: «Ho le dita che puzzano ancora di lattice», e da come il cameriere fa l'indifferente, con un'indifferenza perfetta, capisco che ha frainteso.

«Sono i guanti da cucina» dico, a voce alta.

Ma Sara ormai si è lanciata.

«Anche se come lavoro è tenuto in scarsa considerazione, io mi sono divertita un sacco» dice. «Certo, cinquanta uomini in una serata non è roba da poco...»

«Sì, sparecchiare è faticoso» preciso a voce altissima.

Ma il cameriere si è già allontanato, e nelle sue orecchie c'è solo l'eco di "cinquanta uomini in una serata".

«Andiamo?» chiedo, annotando mentalmente il nome del baretto per ricordare di non tornarvi mai più.

Ci riportano alla macchina e io saluto in fretta e salgo. Sara si attarda qualche minuto nell'oscurità del giardino con Walter.

Mi affaccio e dico: «Sara, ho poca benzina. Non è che puoi farti dare un passaggio da Walter?».

Walter mi guarda come se volesse portarmi in trionfo, sollevando me e la mia macchina contemporaneamente.

Così posso tagliare la corda.

Nessun messaggino per me sul cellulare.

L'uomo che poteva essere il principe della mia vita, l'uomo che mi ha spaventata e che io ho fatto scappare a cento all'ora, mi ha già cancellato dai suoi pensieri.

È ovvio, ha fatto bene.

Sirio suona dopo cinque minuti.

«Ciao, sono Paolo, mi ha dato il numero Sara...»

«Sì?»

«Hai dimenticato la cena sulla mia macchina. Vuoi che te la porti?»

«Sono le due, Paolo. Non vai a dormire?»

«No, veramente non ho sonno. E domani non lavoro, ho preso un giorno di festa.»

«Tu lavori? Suona come una battuta» dico ridendo.

«Sì, potrà sembrarti strano, ma mi guadagno il pane col sudore della fronte.»

Resto un secondo in silenzio.

«In effetti ho una fame che mangerei la gamba del tavolo.»

Gli spiego dove abito e dopo cinque minuti lui arriva.

Parcheggia il macchinone. Scende e ovviamente chiede se può salire.

«Ti guardo mangiare» dice.

«Non hai una fidanzata, Paolo?» chiedo.

«Non una fissa» dice.

«Cosa te ne fai di una in più? Ti manca la cameriera nella collezione?»

«Tu non fai la cameriera. E neanche la tua amica, mi sono informato. Stavi aiutando tua madre... Non hai voglia di chiacchierare un po'?»

«Non adesso» dico.

«Magari ci vediamo un film. Ci sono! Ti faccio io da cameriere, va bene?»

Chi resisterebbe a una proposta del genere?

Così io mangio seduta comodamente sul divano e lui mi versa la minerale, mi porta via il piatto sporco, mi prepara un altro caffè...

Non è strano? Passano anni senza che tu trovi qualcuno che ti vada a genio e poi, di colpo, quando hai accantonato l'idea e stai pensando di comprarti un cane per avere almeno un amico fedele che non ti abbandoni nel momento del bisogno, ecco che nel giro di una settimana spuntano fuori ben due potenziali pretendenti, che vabbe', magari non lo sai ancora e sono pieni di difetti o vogliono solo divertirsi e sono pronti alla fuga su Marte all'idea di qualcosa di serio con te, ma per il momento sembrano simpatici e ben disposti entrambi. È abbastanza vicino al non essere zitella, no?

E sanno pure fare il caffè...

Finito lo spuntino mettiamo il dvd de *Il Signore degli Anelli*, che io ho già visto due volte, e a metà film mi addormento profondamente.

Mi sveglia una voce assonnata che chiede che ore sono. È una voce che lì per lì faccio fatica a identificare. Proviene dall'altro divano.

«Ci siamo addormentati» dice.

Ha la camicia spiegazzata, i capelli schiacciati da un lato e l'aria sconvolta.

Anch'io non devo essere un granché. Ma lui mi sorride. Ha un sorriso simpatico, che però non riesco a prendere in considerazione perché sono troppo presa dall'altro tizio, quello che *sta riflettendo.*

E spero tanto che le sue meditazioni lo riportino da queste parti.

«A cosa pensi?» mi chiede.

«Io? Perché?»

«Mi stavi fissando.»

«Scusa.»

«Mi piaceva come mi guardavi» dice.

Per forza, pensavo a un altro.

Non avrà mica immaginato di piacermi?

«Ho un'idea...» dico, schizzando in piedi.

«Sì?» chiede con un guizzo di speranzoso interesse negli occhi.

«Ti presto il dvd così te lo puoi vedere a casa con calma!»

Lo dico col tono di una che gli sta facendo un grande piacere. E in fondo è proprio così, perché ci tengo moltissimo a quel film.

Lui fa un sorriso forzato.

«Grazie... sì, mi pare un'ottima idea» dice.

Ed esce.

Brandendo il mio dvd come una clava.

Me ne sto lì, bella rilassata sotto un getto di acqua caldissima, quando qualcuno bussa alla finestra del bagno.

In fretta mi asciugo e vado a vedere chi è.

«Sara! La smetti di bussare alla finestra?» esclamo.

Poi vedo che ha un'espressione tra il depresso e il deluso e lascio perdere.

«Prendi un cioccolatino» le dico porgendole la scatola.

Lei mangia in silenzio e io aspetto.

«Allora? Come vanno le cose con Walter?» chiedo.

«Non so» risponde scuotendo la testa. «È andata benissimo sino a...» Sara s'interrompe e si guarda attorno come se potesse esserci qualcuno nascosto dietro una tenda a origliare le nostre conversazioni.

«Sino a quel momento.»

«Intendi dire *quel* momento?»

«Io e Walter siamo fatti una per l'altro, l'ho capito subito. E lui mi adora, dice che è stato amore a prima vista, che mi vuol sposare il mese prossimo, che oggi vuol presentarmi ai suoi...» Sara s'interrompe, fa un profondo respiro e mi fissa.

«Ti sembra strano?» chiede.

«No, continua.»

«Be', ieri sera eravamo a casa sua e io all'inizio ero un po' titubante, sai, andare a casa di uno che hai conosciuto da pochi giorni... anche se ti sembra di conoscerlo da tutta la vita... e comunque pensavo a quello che mi avevate detto voi e...»

«Sara, vai al sodo!» dico, impaziente.

«Sì, certo, scusa. Insomma, forse non avrei dovuto dirglielo.»

«Dirgli cosa?»

«Che avevo avuto solo storie platoniche.»

«Perché, che ha detto?»

«Niente, lui all'inizio era così pieno di passione e smaniava e ansimava in modo che mi faceva quasi impressione...»

«Sara, non dire stupidaggini, avrai ansimato e smaniato anche tu, immagino!»

«Non so, io ero molto preoccupata e stavo lì a pensare come dirglielo. Poi l'ho detto e lui si è come bloccato. Allora io ho cercato di risollevargli il morale, non so se capisci cosa intendo...»

«Sì, Sara, credo di capire.»

«Ma lui niente, sembrava che dovesse risolvere una equazione che non gli veniva. Hai presente quando il risultato non viene e la riprovi dieci volte, ma niente, continua a non venirti? Mi faceva pena, da un lato. Dall'altro mi sentivo anche un po' mortificata, perché pensavo che fosse colpa mia. Alla fine ho deciso di lasciar perdere e mentre ero lì che preparavo una tazza di caffè, lui è venuto in cucina e mi ha detto: "Senti, perché non rifai quella cosa...". E io chiedo "Quale cosa?". E lui risponde: "Quella che hai fatto l'altra sera, quando sei scivolata in terra...". Non volevo credere alle mie orecchie, Francesca! Gli ho risposto che non eravamo sul set di *Nove settimane e mezzo* e che il suo atteggiamento era offensivo nei miei confronti. Lui mi ha dato ragione, io ho fatto un po' la sostenuta e lui mi ha riaccompagnata a casa. Mi ha detto che mi avrebbe telefonato, ma non so, è come se qualcosa si fosse spezzato. In realtà, ripensandoci, non c'era nulla di male, in quello che mi ha chiesto. Perché quella è l'immagine simbolica del nostro primo incontro, capisci?»

«Se fossi in te andrei a casa e lo chiamerei.»

«Sì, hai ragione. Non è meraviglioso?»

«Cosa?»

«Belle si sposa, io ho un fidanzato, Talia scrive lettere d'amore al suo cameriere e Ginevra esce con i gemelli.»

«Cosa?»

«Non te l'ha detto?»

«Noo, che storia orribile!»
«Be', lei li ha conosciuti insieme e non sa decidere quale dei due le piace di più. Non è che esca proprio con tutti e due... li ha solo provati.»
«Li ha provati? Ma cosa sono, scarpe?»
«Voglio dire che una sera è andata a cena con uno e la sera dopo è andata a cena con l'altro, solo per vedere con chi stava meglio. Ora devo andare, ciao.»
Ripenso alla frase di Sara e medito sul fatto che non mi ha inserita, nel gruppo delle allegre comari innamorate e felici.
So il perché, in effetti.
Io sono sola.
Quella baggianata sul fatto che ci sono due "forse" pretendenti! Ma dove?
Vado allo specchio e mi guardo.
Sola e intensamente frustrata. Ed eccolo lì il motivo:
– fianchi: abbondanti (in un'epoca in cui vanno i fianchi piallati);
– seno: non abbondante (in un'epoca in cui vanno i seni gonfiati);
– capelli: castani;
– occhi: castani;
– pelle: castana.
Non sono né una bionda valchiria, né una dea bruna.
Sono una specie di castagna.
Ma so cosa devo fare.
Apro l'elenco e cerco il numero del centro fitness, che si trova a due isolati da casa.
«Pronto, vorrei fare un corso di Total Body e uno di Gag, abbinati a pesi, step e altre macchine. Posso iniziare subito?»
Poi chiamo la mia parrucchiera: «Hai tempo oggi pomeriggio per taglio e tinta?».

«Vieni alle tre» dice lei. «Cosa intendi per taglio? La solita spuntatina microscopica alle doppie punte?»

«No, un bel taglio rivoluzionario, sai un caschetto tipo Valentina quella dei fumetti. E poi un bel colore nero con due mèches laterali rosso ciliegia.»

Clara tace.

Non è la prima volta che parto in quarta e cambio idea all'ultimo minuto. Ma questa volta sono decisa. E mi compro pure il mastino. Se non fosse per Giovanni e i suoi inviti alla riflessione, l'avrei già preso.

Okay. Devo sbrigarmi, il corso mattutino di Total Body inizia tra un quarto d'ora.

Cerco una tuta, ma sono anni che non vado in palestra e l'unica tuta che possiedo – blu, triste, di tessuto che ha già fatto i pallini per l'usura – mi sta da cani. Decido di eliminare la tuta e usare una semplice T-shirt bianca con un paio di vecchi bermudoni da mare.

Quando arrivo al centro, la scelta si rivela poco azzeccata. Le mie compagne indossano tutine variopinte, elasticizzate e aderenti.

L'istruttrice, una versione al femminile di Schwarzenegger, mi spiega cosa devo fare.

«Comunque fa' solo quello che ti senti di fare, non è necessario che tu tenga il nostro ritmo» conclude.

«Già è umiliante essere l'unica vestita come l'uomo delle angurie» dico. «Se poi non riesco a tenere il ritmo, mi verrà una crisi esistenziale.»

Schwarzi se la ghigna e iniziamo.

Facciamo ginnastica di fronte a uno specchio grande come tutta la parete. Una specie di tortura psicologica, che ti mostra come sei, come non vorresti essere e come rimarrai se non alzi le chiappe a ritmo. Cerco di non guardarmi, ma ogni tanto la mia immagine riflessa mi si materializza davanti: mascella contratta e labbra serrate per lo sforzo. Dopo un'eternità di fatiche, di salta, piega e tira, di su-giù-uno-due-uno-due, guardo l'orologio e vedo che sono passati solo diciotto minuti.

La lezione non è solo faticosa: è di una noia letale.

Sul finale baro un po'. Quando Schwarzi non mi vede, rallento il ritmo e diciamo che le serie di otto diventano serie di cinque, ma tutto sommato me la cavo. Merito della bicicletta che faccio quando il mio conto in banca va in rosso e io non ho più benzina nella macchina.

Torno a casa, faccio una doccia e mi sdraio sul letto per visualizzare creativo-positivo.

Occhi chiusi. Un bel respiro profondo e poi mi ripeto a voce alta.

«Sono sana, buona, onesta, felice, libera, comprensiva. Le persone che mi conoscono mi vogliono bene, forse, be'... non posso esserne proprio sicura... di qualcuna sono sicura. Per esempio mia madre, anche se non mi telefona mai... ma cosa sto facendo? Divago, così non funziona! Okay, respiro profondo, respiro di pace che illumina il mio interno e il mio esterno, mi purifica, inspiro luce, espiro tutte le cose negative, ffffff, hrrhhhh, via... sono sana, buona, onesta... in linea di principio, anche se uno non può mai essere sicuro che magari in una circostanza particolare della sua vita non potrebbe commettere un reato, perché Robin Hood, per esempio, per me è stato il più onesto degli uomini, e se fossi sicura che nessuno mi becca lo farei anch'io... certo non mi vestirei di verde con quel buffo capellino... ma potrei diventare un hacker e trasferire il capitale di quei banditi che manovrano la terra sui conti dei poveracci. Però i poveracci non hanno i conti...» Ho di nuovo divagato!

Ci riprovo, adesso mi concentro...

Dio, ma che ore sono? Le tre! Ma quanto ho dormito? A quest'ora avrei già dovuto essere da Clara. Salto giù dal letto e inizio a vestirmi di corsa. Dopo quindici minuti sono con la testa tra le mani di una giovane shampista che mi fa un trattamento *relaxing and shocking* allo stesso tempo: mi massaggia la nuca dolcemente e poi di colpo *pop*! – fa scoppiare le sue gigantesche bolle di chewing gum a tre centimetri dalle mie orecchie.

«Non vorrei che mi venissero i capelli bianchi prematuramente» le dico, cercando di usare un tono gentile. «Mi puoi avvisare prima di far esplodere i tuoi petardi?»

La shampista mi guarda con aria di paziente sopportazione e mi cede a Clara che passa subito all'opera, senza consultarmi.

«Ma non mi chiedi cosa voglio?» le domando.

«Nero corvo e due bande rosso ciliegia ai lati, no?»

«No, accidenti, sembra la bandiera del Milan!»

«Non ci avevo pensato. Tu cosa sei?»

«Genoana, ma cosa c'entra? Non voglio che tu mi faccia rossa e blu.»

«Allora cosa vuoi?»

«Rimaniamo sul castano con qualche piccola mèches rosso-mogano?» chiedo, indecisa.

«Concordo» dice Clara, e senza darmi il tempo di riflettere almeno un altro paio d'ore, inizia a spennellare su e giù. Alla fine mi avvolge la testa con la carta stagnola e mi pianta lì, con quell'aspetto umiliante, bene in vista, di modo che tutti quelli che passano davanti al suo negozio riescano a vedermi.

(Perché naturalmente il negozio ha una gigantesca porta a vetri senza ombra di tenda, di veneziana o che ne so, di misera zanzariera, a darti l'illusione di essere al riparo da occhi indiscreti.)

(Avete fatto caso che i negozi di parrucchiera sono tutti così? Vetri grandi e senza tende, aperti sulle vie più frequentate della città.)

(A volte un pezzo di vetro è coperto dal poster di una splendida modella; ma non abbastanza coperto da impedire un raffronto tra voi, versione al cartoccio, e la modella che campeggia sul vetro.)

Finalmente il risciacquo.

Sono pronta per il taglio.

Pronta? Be', si fa per dire...

«Allora taglio alla Valentina?» chiede Clara.

«Non so» dico fissando ipnotizzata le mèches che, sebbene ancora bagnate, sparano getti di colore visibili da una sponda all'altra dell'Atlantico.

«Forse meglio iniziare con una spuntatina» dico.

«Okay, te li sfoltisco un po' e ti tolgo le punte» dice Clara.

Ma dalla disinvoltura con cui fa saettare le forbici si direbbe che debba potare una siepe.

«Non li voglio corti» dico di nuovo, irrigidendo un po' il collo.

«Tranquilla, le lunghezze non le tocco.»

Zac, zic, cic, sfusch...

Resto immobile come un palo. E nonostante abbia brividi di freddo, ho la fronte che suda. Ma non è la febbre, è il mio rapporto con le forbici dei parrucchieri.

«Adesso basta» le dico, alzando involontariamente la voce.

Il mio tono angosciato fa voltare gli altri clienti del negozio. Probabilmente mi vedono come una squilibrata.

Probabilmente lo sono.

Perché appena arrivo a casa e mi guardo bene allo specchio, mi vengono le lacrime agli occhi.

Mi ha tolto almeno due centimetri di capelli!

Poi mi ricompongo. Cerco di non perdere la testa. Di fronte non sono male, le mèches mi donano. Prima di voltarmi acchiappo i capelli a mo' di coda di cavallo e li tiro, fortissimo, per aiutarli a crescere. Sento un male cane, ma quando mi tocco la schiena ho la sensazione che effettivamente i capelli non siano corti come mi erano sembrati prima.

Vabbe', apriamo la cartelletta delle lettere a «Viola». Ho bisogno di distrarmi.

Cara Viola,
ti scrivo perché ho un problema con mio marito. Da qualche mese tutte le sere si mette in tiro ed esce sino alle tre o le quattro di mattina. Io non posso andare con lui perché abbiamo un bambino piccolo e non so a chi lasciarlo, ma comunque non me lo permetterebbe. Se provo a dirgli di restare a casa, non mi ascolta e trova pretesti per litigare. Dice che non fa niente di male, che va con gli amici a giocare a carte e parlano. Io non so cosa fare, ma penso che lui mi tradisca. Con me è sempre sgarbato e da quando esce tutte le sere, non abbiamo nemmeno più una nostra vita sessuale o momenti di intimità.

L.R. (Milano)

Cara Lettrice,
se posso parlare senza mezzi termini, tuo marito è un vero cazzone. Immagino che la roba che indossa per uscire sia lavata e stirata da te.

Ecco cosa ti consiglio:

chiedi a un'amica di tenerti il bambino per un pomeriggio. Se necessario pagala. Prendi tutti i vestiti di tuo marito e sporcali (roba schifosa, tipo cacca di piccione). Quando andrà a prepararsi per uscire e troverà i suoi abitucci in disordine, fatti trovare con una bella mazza da baseball in mano e digli che la musica è cambiata. D'ora in avanti che porti i suoi vestiti a lavare al club e che mangi al ristorante. Poi mettiti il vestito più elegante che hai ed esci, senza di lui. Qualunque sia la sua reazione, ti consiglio di mollarlo e di trovarti un altro uomo.

Al più presto!!

Rileggo la mia risposta. Dovrebbe andare bene, no? Ora mi collego e la spedisco a Giovanni, così sento cosa ne pensa lui.

Caro Giovanni,
ho dato un'occhiata alle lettere e ho provato a rispondere a una di quelle che ho letto. Te l'allego. Fammi sapere se può andare. Ciao e a presto.
F.

Dopo un quarto d'ora mi arriva una risposta.

Cara signorina F.,
deduco che lei sia la nuova collaboratrice di «Viola». Il Giovanni a cui ha spedito la mail, mio figlio, è fuori città. Ho letto io, quindi, la sua risposta alla nostra lettrice. Se è questo il modo in cui intende rivolgersi a delle madri di famiglia, sarà bene che rinunci sin d'ora al lavoro. Noi siamo una rivista seria, non un'associazione di istigazione a delinquere.
Saluti
Giovanni Centi

Ma sentilo, come arroganteggia. Chi crede di essere?

Caro signor Centi,
ho dato un'occhiatina alla sua rivista *seria*, e dal numero di tette e sederi scoperti che ho contato, ne ho dedotto che sia probabilmente una rivista di anatomia. Dovreste quindi lasciar perdere i consigli sentimentali e dedicarvi a ciò che sapete fare bene: fotografare parti del corpo femminile. A proposito, a quando gli "studi" dei corpi maschili?
Si metta il cuore in pace, non mi interessa scrivere per voi. L'unico motivo per cui l'avrei fatto, comunque, sarebbero stati i soldi.
Adios
F.
P.S. Lei scrive: "siamo una rivista seria". Mi faccia capire: lei è una rivista o una persona?

E così posso dire addio a tutti i miei lavori precari.

La situazione attualmente è questa:

– giornale = mi sono dimessa
– traduzioni = ho detto a Rosalba che non ne voglio più fare, sono stressanti
– rubrica su «Viola» e racconti per casa editrice Centi = no comment
– rivista di Dotini = lì vado a gonfie vele, ma pagano malissimo.

C'è sempre il libro che sto scrivendo. Se riesco a finirlo, magari me lo pubblicano...

Sì, ma intanto?

Il telefono squilla. È un segno di Dio, me lo sento. Visualizzo. Vedo in arrivo un lavoro strapagato e di un certo livello, niente a che vedere con quelle cosucce che ho fatto finora...

«Signorina Soprani?»

«Sono io.»

«Ho avuto il suo numero da mio figlio... sono Giovanni Centi.»

«Ah!»

«Secondo lui la sua trovata è buona...»

«È rientrato?»

«No, ma abbiamo parlato al telefono e io gli ho letto il nostro scambio di messaggi. Lui ha trovato la sua lettera molto divertente. Dice che era ora che la nostra rubrica si trasformasse in qualcosa di diverso dai soliti angoli di posta del cuore. Dice anche che le risposte dovranno essere tutte così, un po' folli.»

«E lei cosa ne pensa?»

«Io sono un uomo d'affari e di mio figlio mi fido. Se lui dice che va bene, va bene anche per me.»

«Il fatto è che io non stavo facendo la spiritosa. Io le penso davvero le cose che ho scritto.»

«A me non importa niente. L'unica cosa è che abbiamo delle regole sul linguaggio da usare. E per la verità "cazzone" non rientra nei parametri. Però potremmo scrivere "c...zone", se lei è d'accordo.»

«Sì, ma penso che non funzionerebbe lo stesso. Non è proprio il mio ideale di lavoro rispondere alle lettere spedite al suo giornale. Come le ho spiegato lo avrei fatto solo per i soldi.»

«E cosa c'è di male in questo?»

Taccio.

Sono anni che ho smesso di provare a spiegare il mio punto di vista alla gente. Quando dico che non voglio vendermi per una paga alla fine del mese, che il mio lavoro deve piacermi, che ho degli ideali e via dicendo, iniziano tutti a guardarmi come se fossi una mezza matta o magari una sfaticata che cerca scuse per non fare un piffero.

Verrà mai un'epoca in cui quelli come me potranno vivere bene?

«Senta, allora lo faccia solo finché non troviamo una sostituta...»

«Va bene» dico.

Poi prendo coraggio e chiedo: «Per caso non le serve un editor esterno?».

«Cosa le fa pensare che quel lavoro le piacerebbe? È palloso e per di più è mal pagato. Comunque abbiamo già gli interni che lo fanno.»

«Un traduttore letterario?»

«Può darsi, ma non traduciamo da lingue tradizionali. Conosce il cinese mandarino?»

«No.»

«Il giapponese?»

«Nemmeno.»

«Noi lavoriamo molto con autori dell'Estremo

Oriente. Mio figlio in questo momento è all'estero proprio per incontrare un'autrice thailandese.»

Thailandia?

Aaah, capisco...

So cosa fanno gli uomini d'affari in Thailandia quando finiscono i loro incontri di lavoro.

«Senta, so che mio figlio le ha proposto di scrivere qualcosa per la nuova collana. Perché non inizia con quello intanto?»

«Non è che sia tanto facile scrivere a comando» dico.

«In passato il mestiere dello scrittore era proprio così. Sonetti per la duchessa, commedie per il principe... Ora la devo lasciare. Venga a trovarmi. Voglio conoscerla.»

Non lo chiede, praticamente lo ordina.

Riaggancio e resto a guardare la mia immagine allo specchio appeso alla parete di fronte.

«*Que suis-je*?» mi chiedo fissandomi intensamente.

(L'ispirazione mi viene dal montaigniano "*que sais-je*?".)

(Solo che il suo domandarsi cosa sa, suona un po' come l'esame di coscienza di uno studente alla vigilia della maturità, mentre il mio più drammatico "che sono?" mi accosta all'*Amleto*.)

Perché non ho continuato a recitare? Sarei stata brava.

Mi alzo e mi avvicino allo specchio.

«Mio dio, mio dio, oh non guardare tanto feroce su di me! Serpenti e vipere lasciate ch'io respiri ancora un poco almeno! Inferno orrendo non spalancarti! Non venir, Lucifero! Io brucerò i miei libri! Ah, Mefistofele!»

Lancio un urlo disumano e proprio mentre mi porto le mani alla testa e la scuoto disperatamente, scorgo il viso della figlia della vicina che mi spia dalla finestra.

Le faccio un cenno e dopo un secondo è alla porta.

«Cosa stavi facendo?» chiede.

«Togliti le scarpe, sono piene di terra» le dico.

Lei obbedisce e si va a sdraiare sul divano.

«Recitavo una cosa scritta tantissimi anni fa. Si chiama *Dottor Faust*.»

«Me lo racconti?»

«Be', c'è un tizio che incontra il diavolo e fa un patto con lui. Il diavolo gli dà una certa cosa, a cui Faust tiene parecchio, e in cambio si prende la sua anima.»

«Tipo io do la mia anima al diavolo e lui mi regala la mountain bike nuova?» chiede, con un interesse allarmante.

«Non si può fare nella vita. È inventato.»

«Quando ti ho vista dalla finestra sembravi malata» dice.

«Bene, vuol dire che la mia recitazione era convincente.»

Poi m'illumino di un'idea. «Avete preparato qualcosa come spettacolo di fine anno?» chiedo.

Carola scuote la testa.

«Potrei aiutarvi io...»

La mia mente viaggia.

La mia passione è sempre stata la regia.

Inizierò coi bambini e magari dopo i primi successi...

«La scuola finisce tra venti giorni» dice lei.

«Magari facciamo solo un atto.»

«Del *Dottor Faust*?»

«Certo.»

«Sei sicura che sia una cosa da bambini?» chiede.

«Preparerò un adattamento...»

«Dovrai usare un nome falso.»

«Eh?»

«Una volta ho portato in classe la rivista che hai prestato alla mamma, quella dove ci sono le storie che scrivi tu. La maestra l'ha vista, io le ho detto che ci scrive una mia amica e lei ha letto il racconto. Dopo era molto arrabbiata. Mi ha detto che c'erano delle parolacce che non avrei nemmeno dovuto conoscere alla mia età.»

«Parolacce?»

«Sì, tipo "merda", "maledizione", "bastardo" e un bel po' di altre» spiega.

«Forse è meglio rimandare all'anno prossimo» dico. «In questi giorni devo rispondere a un sacco di lettere.»

«Del tuo fidanzato?»

«No, no... gente che ha dei problemi e scrive a un giornale per il quale lavoro. Io do dei consigli.»

«TUU?» chiede incredula.

«Be', cosa c'è di strano?»

«Niente» dice.

Poi accende la tele e inizia a guardare i canali del satellite. Li guarda da me perché lei non ha la pay tv.

Credo che sia l'unico motivo per cui mi frequenta.

Caro diario,
maggio è un mese. E su questo non ci piove.

Ho appena finito di leggere Per guarire un cuore infranto *di Barbara Pym. Era uno dei pochi pymiani che non avevo letto e anche questa volta sono rimasta felicemente colpita. Lo so, lo so, la gente storce il naso di fronte a quest'autrice perché le sue storie hanno come personaggi i parrocchiani di piccole comunità, per lo più donne sole alle prese con tazze da tè e bulbi di tulipani. Cose d'altri tempi. Ma che pace! E poi la Pym ha un umorismo sottile, alla Jane Austen. Come si fa a non impazzire per una scrittrice che fa dire a una delle sue protagoniste: «Non potrei mai amare un uomo con la carnagione rubizza...»?*

Al mercoledì sera di solito ci troviamo a casa di Belle, ma siccome lei sabato prossimo si sposa, abbiamo deciso di accontentare Talia e abbiamo prenotato nel ristorante dove lavora il suo amato cameriere. Sara non potrà venire. Esce con Walter. E Ginevra, in un impeto di generosità ha deciso di offrire la cena a me e a Talia.

Talia ci ha raccomandato di vestirci malissimo e di non truccarci. Mel deve guardare solo lei. Inoltre vuole che ogni tanto la chiamiamo per nome, a voce alta, per fugare dubbi, nel caso lui si stesse ancora chiedendo chi diavolo sia la Talia di quella folle lettera che ha ricevuto.

Come si veste una che si veste malissimo?

Abbiamo appuntamento alle nove. Io non sono ancora pronta e sono già le nove meno un quarto.

Non possiedo minigonne vertiginose, ma elimino comunque anche quelle a metà coscia, scarto tutti i pantaloni aderenti, elimino veli e pizzi, poi escludo i colori che mi donano. Alla fine nell'armadio resta la solita vecchia tuta blu coi pallini.

E vabbe', per un'amica si fa questo e altro.

M'infilo la vecchia tuta, che ha un buchetto nel gomito sinistro ed esco.

«Francesca, come ti sei conciata?» chiede Ginevra, appena mi vede spuntare.

«Lei per lo meno è un'amica» dice Talia.

Talia ha il broncio e capisco perché.

Ginevra indossa una camicetta di *voile* celeste, che s'intona ai suoi occhi azzurri, un paio di sandali celesti in tinta, con tanto di lustrini. Ha un paio di pantaloni bianchi aderenti e un bel rossetto rosa perlato. Le sue unghie, invece, sono rosso fiamma, su piedi e mani. Ha appena fatto un lettino, naturalmente, e i suoi splendidi capelli mechati hanno il lucore della seta. Merito del sapiente tocco di un *coiffeur*.

«Io non entro con te conciata in quel modo» dice

Ginevra, guardandomi con disgusto. «Tanto valeva che ti disegnassi un paio di baffi neri.»

Ha ragione. Sono ridicola. E sudo già adesso, che siamo ancora fuori dal ristorante. Questa tuta è troppo pesante.

«Perfetto» dice Talia. «Tu non entri e te ne torni a casa. E la cena la facciamo io e Francesca.»

«Ti sei dimenticata che offro io?» sbotta Ginevra.

«Sì, ma dovevi fare un piacere a me!» sbraita Talia.

«Santo cielo, se il bel camerierino non ti fila soltanto perché seduta vicino a te c'è una tizia che ha una camicetta carina, è meglio lasciar perdere, no?»

«Ma non potevi rinunciare al tuo look per una volta?» chiedo, esasperata dalla piega che sta prendendo la serata.

«No, che non potevo!» dice.

Poi scoppia a piangere.

Lì, davanti al *restaurant*. E se per voi non è strano, lasciate che vi dica una cosa: Ginevra non piange mai. Mai!

Dev'essere successo qualcosa di grave.

«Okay, sputa il rospo» le dico, mettendole un braccio intorno alle spalle.

«Voi non potete capire! Io ho già quarantadue anni!»

«E allora? Guarda Madonna» dico. «È più vecchia di te e quando si dimena gli uomini perdono le bave.»

«Io la capisco, sai?» dice. «Si dimena perché ha paura di diventare vecchia. E vuole scoprire se alla sua età è ancora in grado di piacere.»

«Ma cosa dici? Madonna non se le fa tutte 'ste palle, lo sa già che piace.»

Ginevra continua a piangere.

«Anche tu, no?»

«Mia madre a cinquantadue anni è andata in menopausa e io non ho nemmeno un figlio.»

L'occhio mi corre ai suoi tacchi a spillo, alle unghie perfettamente laccate e alla camicetta di *voile*.

«Sei sicura di volerlo, un figlio?» chiedo. «In gravidanza ti gonfi tutta e sei obbligata a marciare in pantofole anche per andare dal droghiere. Il parto poi ti lascia depressa, con le tette gonfie di latte e la pancia penzolante. Inoltre come minimo, dopo dieci settimane di notti insonni passate a cantare la ninna-nanna, il tuo istinto materno inizia a trasformarsi in qualcosa di molto sinistro.»

«Piantala! Non mi fai ridere...» ma sorride un pochino.

«Comunque hai ancora una decina d'anni di tentativi, non sono mica pochi!» la incoraggia Talia.

«E adesso hai addirittura due gemelli a tua disposizione» le dico, strizzandole l'occhio. «Se non resti subito incinta te la spasserai alla grande...»

«Sì, io però ne amo uno solo» sospira Ginevra.

«E allora? È magnifico! Cosa aspetti a sposartelo.»

«Non posso. Se dicessi ad Aurelio che lo amo, Ermanno soffrirebbe e forse Aurelio finirebbe per odiarmi perché ho fatto star male suo fratello. Loro sono molto uniti, capisci? È la prima volta che trovo un uomo che amo davvero. E lui si presenta col clone!»

«Allora lo faccio io» dice Talia.

«Mi sposi tu?» chiede Ginevra, senza capire.

«Ma no, chiamo Aurelio.»

Poi si fa dare il cellulare di Ginevra e fa il numero di Aurelio.

«Aurelio, sono io, Talia...» esordisce, mentre si allontana da noi per non farci sentire nemmeno una parola.

Io e Ginevra aspettiamo in silenzio.

«Ecco fatto. Viene a prenderti qui tra cinque minuti» dice Talia, restituendo il cellulare a Ginevra.

«Mi vuoi scaricare a tutti i costi, eh?» chiede Ginevra. Ma sorride.

Poi si toglie la camicetta e mi dice di sfilarmi la maglia.

«Sicuramente verrà in moto e ho bisogno di qualcosa di caldo.»

Così io resto con la camicetta celeste di *voile* e i pantaloni un po' logori della tuta. E lei con la mia maglia.

È di nuovo la vecchia Ginevra che conosco.

Meno male. Perché nel gruppo c'è un certo equilibrio: io e Sara siamo quelle che hanno la lacrima facile, Belle è quella che s'infuria subito, Talia è l'agitata e Ginevra è quella che ha senso pratico e ci sferza col suo cinismo.

Dopo dieci minuti arriva Aurelio. Deve aver volato. Lei gli corre incontro bella e leggiadra come in una pubblicità.

E noto una cosa: su di lei la mia maglia fa un figurone.

C'è una risposta a questo, laggiù da qualche parte, nell'infinito?

La cena è stata un disastro.

Mi devo ancora riprendere ora.

Però tutto è bene quel che finisce bene.

Siamo entrate e ci hanno infilato in un angolo strategicamente scomodo per le operazioni di avvistamento e maledettamente freddo. L'aria condizionata doveva avere un impianto truccato perché sembrava che nella sala stesse per arrivare una tormenta di neve. Io avevo caldo nella parte inferiore del corpo e gelavo dalla vita in su. Così mi sono legata il tovagliolo di stoffa intorno al collo, come fanno i bambini piccoli, che forse faceva un po' buzzurro, ma almeno preveniva la tracheite.

Per tutta la cena ho continuato a ripetere il nome "Talia" a voce molto alta, ogni volta che Mel si avvicinava.

Mi passi il sale, Ta-lia? Tu cosa prendi, Ta-lia?

Dovevo sembrare scema a scandire così il suo nome, come se potessero esserci equivoci a un tavolo dove erano sedute solo due persone. Mel sembrava non farci caso. E comunque non serviva noi.

Insomma il tentativo di far nascere un amore, o per lo meno un'amicizia, o magari anche solo uno scambio di sguardi della serie "se tu ci stai, io ci sto", è fallito.

Ma il peggio è venuto quando ci hanno portato il conto.

Io e Talia ci siamo fissate e di colpo abbiamo capito che nessuna delle due aveva denaro sufficiente per pagare.

«Puoi andare allo sportello Bancomat mentre io aspetto qui? Domani ti ridò la mia parte» ha proposto Talia.

«Ho la carta smagnetizzata» ho detto. «Devo rifarla. Usiamo la tua, no?»

«Non ce l'ho nemmeno io. Ho cambiato banca da poco, e la nuova tesserina non mi è ancora arrivata.»

«E allora cosa facciamo?» ho chiesto in preda a un inizio di panico.

«Pensiamo a qualcosa» ha detto Talia. Ci stanno guardando.

«Possiamo chiamare Ginevra. In fondo è lei che ci ha messo in questo pasticcio...»

Inutile. L'utente desiderata era al momento irraggiungibile. Potevamo richiamare più tardi? A che ora chiudono i ristoranti?

«Okay, affrontiamo la situazione di petto» ho detto

decisa. «Gli spieghiamo tutto e gli diciamo che portiamo i soldi domani.»

Così ci siamo alzate e ci siamo avviate verso il direttore.

«Mi scusi, possiamo parlarle un attimo?» ho chiesto sottovoce.

«Ma certo, ditemi» ha risposto sorridendo.

«Ecco, vede, la persona che ha organizzato la cena, all'ultimo momento ha avuto un imprevisto e non è potuta venire» ho iniziato a spiegare.

Lui ha annuito e ha aspettato che io proseguissi.

«Insomma, dovevamo essere in tre qui. Invece siamo in due.»

«Oh, mi dispiace» ha detto il direttore, ma era chiaro che non mi seguiva.

Poi ha spostato lo sguardo sui miei pantaloni. Solo una frazione di secondo, perché era una persona educata e non voleva farmi capire cosa pensava. Ma i miei occhi hanno incrociato i suoi e io ho letto chiaramente il suo pensiero: solo una squilibrata andrebbe in giro con *voile* e tessuto felpa abbinati.

«Il fatto è che doveva pagare lei, capisce?» si è intromessa Talia. «Poi il suo fidanzato ha saputo che lei, sì, la nostra amica, ama lui e non il suo gemello, così se ne sono andati in moto e lei adesso non risponde al cellulare. E possiamo immaginare perché...»

«Ah sì? E perché, se è lecito?» ha chiesto il direttore. Il suo tono non era rassicurante.

«Ma perché stanno facendo qualcosa di divertente e il telefono è l'ultimo dei loro interessi, è ovvio!» ha esclamato Talia.

«Ah! È ovvio...» ha ripetuto lui.

«Quindi se per lei non è un problema, la nostra amica passa domani a pagare il conto.»

Dieci secondi di pesantissimo silenzio.

«Avete un documento?» ha chiesto poi, gelido come una corrente artica.

«Cosa?»

Non capivo. Ci voleva denunciare?

«Segno i dati di una di voi, nel caso la vostra amica domani *stesse ancora facendo qualcosa di divertente* e non trovasse il tempo di passare.»

Umiliatissime abbiamo tirato fuori i nostri documenti.

Lui ha copiato i dati su un'agenda, poi ha detto: «Un'altra Talia».

«Cosa?» ho chiesto.

«Una strana coincidenza. Ieri ho ricevuto la lettera di una certa Talia, una mezza pazza che mi diceva che assomiglio a Mel Gibson e che forse sono gay...»

«L'ha ricevuta lei?» ha domandato Talia e ha spalancato la bocca per dire qualcosa, ma io l'ho bloccata in tempo pestandole un piede.

«Che strano scherzo!» ho esclamato sorridendo, come se la cosa fosse divertente.

«Già» ha detto lui, senza ridere, e ci ha restituito i documenti.

«Allora, grazie» ho detto. «E ci scusi di tutto.»

Stavamo già per andarcene quando ci ha chiamate.

«Ancora una cosa...» ha detto.

«Sì?»

«Secondo voi assomiglio a Mel Gibson?» ha chiesto.

«Per niente» ha risposto Talia, scuotendo il capo in maniera che lui avrebbe potuto tradurre come "ma ti sei visto?".

Così ho aggiunto in fretta: «Mel Gibson è basso, no?».

Il direttore ha annuito.

Ci aveva sperato?

«Magari non era indirizzata a lei, forse era per qualcun altro che lavora qui» ha detto Talia.

«Può darsi» ha risposto lui.

Poi ci siamo dileguate.

Non so se sia stato il freddo allo stomaco sofferto in quella cella frigorifera o lo stress per la figuraccia, fatto sta che mi è venuto mal di stomaco. A casa mi sono messa in pigiama, ho preparato una giara di camomilla bollente e mi sono buttata sul divano avvolta in un plaid, godendo il conforto di quelle semplici cose. Era piacevole rendersi conto che con la vecchiaia iniziavo ad apprezzare le comode, dolci abitudini domestiche.

Quando sarò vecchia, ho pensato, avrò sempre la possibilità di stare sdraiata sul divano, se lo desidererò, di avvolgermi in un plaid e bere una tazza di camomilla.

E se invece da vecchia diventassi una donna orribile e un po' folle che strepita contro i bambini e litiga coi vicini per il volume del televisore? Potrebbe essere divertente fare la strega per un po'...

Alla fine ho pensato che poiché sono una persona senza vizi, che non beve, non fuma, non si spinella e non ha nemmeno mai preso un sonnifero in vita sua, se arriverò a ottant'anni forse sballerò alla grande: mi inciuccherò, fumerò l'impossibile e scambierò spinelli col mastino.

Pensieri che ora non mi tornano, ma che ieri sera mi ruotavano nella mente, prima di addormentarmi. Ero felice di essere già un po' vecchia... Ero in overdose da camomilla, capito?

Il telefono squilla all'alba.

Ma chi è che mi sveglia di notte?

«Francesca, sono io, la mamma.»

«Mamma, ma che ore sono?»

«Le sei.»
«Che cosa è successo?»
«Niente, dici sempre che non ti chiamo e così stamattina appena sveglia per prima cosa ti ho chiamata.»
«Sì, ma sono le sei!»
«Lo so, te l'ho detto io che ore sono.»
Inutile discutere. Non afferra.
«Come stai?» chiedo paziente.
«Quand'è che torni a vivere qui?»
Tipico delle madri rispondere a una domanda con un'altra domanda.
«Mamma, io non torno a vivere lì. Questa è casa mia, ho trentacinque anni, te ne sei dimenticata?»
«Ma perché devi spendere i soldi dell'affitto? Vieni a vivere con noi, la casa è grande e...»
«Non ne parliamo più, per favore. Non cambio idea.»
«Tanto se non hai un fidanzato, stare in un posto o in un altro cosa ti cambia?»
Di colpo capisco.
«Mamma, la stai prendendo larga. Vuoi sapere se c'è qualcuno?»
«Perché? C'è qualcuno?»
«Non c'è, ma se ci fosse non ne parlerei sino a che non avessi deciso di parlarne.»
«E allora perché mi chiedi se lo voglio sapere, se tanto non c'è nessuno?»
Taccio.
«Vieni a mangiare da noi domani?»
«Non so, tu lavori?»
«Sì, ho una comunione. Tua zia ha già detto che mangerà in spiaggia, la nonna invece va a trovare la sua amica Orietta, ma posso lasciarti qualcosa in forno.»
«Ma cosa vengo a fare se non c'è nessuno, scusa?»

«Già, forse è meglio che ci vediamo un'altra volta. Magari puoi venire di sera.»

«Vedremo. Quando torna Federica?» domando, tanto per cambiare discorso.

«E chi lo sa? Ha telefonato due giorni fa per dire che gli irlandesi sono molto "filosofici" e la ispirano un sacco per la tesi...»

Federica è la mia sorellina. Ha ventotto anni ed è a Dublino da quasi un mese. Si sta laureando in filosofia, ma se la prende comoda. Tra un esame e l'altro ha frequentato corsi di ogni tipo e ogni scusa è buona per farsi un viaggetto da qualche parte. L'interesse del momento sono le antiche lingue celtiche. Cosa c'entrano i celti con la filosofia?

Saluto la mamma e riaggancio.

Non poteva chiamarmi alle dieci?

Chissà che ore sono adesso in Thailandia.

E se gli mandassi un messaggino? Corto, corto, una cosa disinvolta, che non gli faccia capire che sto qui a struggermi per lui...

Come si sta in
Thailandia?
:))

Ecco fatto, faccina con due sorrisi. Spedisco.

Poi chiudo gli occhi e resto a sognare nel letto...

(Una scena fantastica e improbabile, che termina con noi due avvinghiati.)

Messaggio sul cellulare. È lui.

Non lo so. Io sono in Spagna. Arrivo stasera.
Come mai mi pensi
alle sei di mattina? A propos.,la
faccina che hai mandato vuol dire che
hai il doppio mento?

Allora la thailandese era in Spagna.
Non so se è una consolazione.
Anche le spagnole hanno fama di essere *muy calientes*.
Se mai andremo in vacanza insieme dovrò proporre un deserto.
Io e lui ad arrostire sotto il sole, in compagnia di lucertole e avvoltoi...
Vuol sapere perché lo penso alle sei di mattina.
Imbarazzante. Cosa gli dico, adesso?
Ma il problema è un altro.
Come mai lui è sveglio? Cosa sta combinando?
Alla fine digito:

Mi ha svegliato
una telefonata.
E tu? Soffri di
insonnia?

Strategicamente furbo dire che mi ha svegliato una telefonata. Lui si chiederà chi è il tipo che non resiste e ha bisogno di chiamarmi all'alba...

Io sono appena ri
entrato da una festa.
Ora infatti
chiudo. Ho sonno.

Che umiliazione. È come se mi avesse buttato giù il telefono. Che uomo odioso.
Inoltre se ne va alle feste, invece di stare in solitudine a riflettere...
Il telefono interrompe la mia meditazione triste.
«Francesca?»
È lui!!
«Sì?»
«Arrivo all'aeroporto alle cinque. Il tempo di andare

a casa a farmi una doccia e cambiarmi. Potrei essere da te alle nove...»

«Non sei stanco del viaggio e... della festicciola?»

«Non era una festicciola. Era una festa di matrimonio.»

«Tipo *Quattro matrimoni e un funerale*, che poi c'è la bellona col cappello e tu le dici "bel cappello" e lei ti segue in albergo?»

«Non sono fatto così, pensavo l'avessi capito.»

«Scusa, scherzavo.»

«Allora? Andiamo a mangiare un panino insieme o no?»

«Ti aspetto alle nove.»

Cosa avrà voluto dire con «non sono fatto così»? Che non dice "bel cappello" o che non gli interessano le altre? Ma adesso ha poca importanza. Quello che conta è che devo essere assolutamente in forma per stasera alle nove.

Come prima cosa digiuno totale. Se mangio le cose sbagliate, poi sono gonfia come un palloncino e lui può pensare che io sia incinta.

Vediamo cosa c'è nel frigo...

Niente.

Perfetto. Il fato vuole che io digiuni e mi purifichi come un monaco tibetano. Lo farò, ma prima gli addominali.

Mi piazzo sul pavimento e inizio a spingere... uno-due, uno-due, uno-due...

Dopo sei addominali poco convinti, sono distrutta.

Potrei telefonare a Talia e vedere se viene a correre con me.

Un quarto d'ora più tardi siamo sulla strada che costeggia il torrente. Lei corre come un treno, io le pedalo a fianco. È inutile mentire a se stessi. Ci sono cose che a me vengono meglio che a lei. Come scrivere una lettera a un cameriere che non conosco, per esempio. Ma in fatto di fatica fisica, non ho chance. Lo dico con tranquillità, senza invidia. Sudate e siate felici. Io vi benedico dalla mia poltrona.

O magari dal letto.

«Sai che ho telefonato al direttore del ristorante?» dice Talia, tra un pant-pant e uno sbuff-uff.

«Eh?»

«Gli ho detto che sapevo di una certa lettera che lui aveva ricevuto per sbaglio e che c'era stato un errore. Che la persona a cui era destinata era il suo aitante cameriere. "E lei come lo sa?" mi ha chiesto. "Facile" ho risposto. "L'ho scritta io". Allora lui mi ha detto di aspettare in linea un momento ed è andato a chiamare Mel. Ci siamo parlati un po' al telefono e poi lui mi ha chiesto se potevo scrivergli di nuovo e magari allegare una foto.»

«Fermiamoci un attimo, Talia, sono sfinita» dico. Se pedalo non riesco a mettere bene a fuoco quello che sta dicendo.

Talia si ferma, io scendo dalla bici e mi siedo sul muretto, mentre lei continua a torcersi da una parte e dall'altra, saltellando come Bruce Lee.

«E qui iniziano i miei guai» prosegue Talia.

«Perché?»

«Ma perché non sono fotogenica, le mie foto fanno tutte schifo. Anzi, a voler essere onesta non possiedo nemmeno più una foto di me stessa. Le ho strappate tutte.»

«Secondo me, devi solo scoprire il tuo lato fotogenico» dico.

«Non ne ho. Di profilo sembro una vecchia befana e di fronte sembro una befana giovane...»

«Elimina la tua parte dispettosa. Per esempio io non voglio foto delle mie narici, perché se ne stanno lì, immobili e misteriose. Ma non ho niente in contrario se mi fanno un bel primo piano agli occhi o alla bocca. Certo non un primissimo piano della bocca aperta, perché ho un paio di molari otturati e non farebbero un bell'effetto se li incorniciassi...»

Sto farneticando. Dev'essere la fatica.

«Non vorrai mica che mi fotografi le tette e spedisca un primo piano di quelle?»

«No, ma cos'hai capito? Devi cercare una parte del tuo corpo che sia in grado di comunicare. In fondo la fotografia è un'arte e non è detto che la foto di una tua mano non possa ottenere altrettanta attenzione di quella del tuo viso...»

«Dici?»

«Ma certo.»

Lo ammetto, sto improvvisando. Ma a volte le idee migliori mi vengono così.

«E se andassi a fare una pedicure e gli spedissi la foto dei miei piedi?»

Taccio e inizio a pensare che forse questa volta l'improvvisazione non stia funzionando. Ma lei ormai ha deciso.

«Be', in passato i piedi di una donna hanno simboleggiato la sua femminilità» dico. «Per lo meno in Cina.»

«Sì, Cenerentola e tutta la storia dei piedi piccoli. Oh Francesca, mi hai tolto un peso dallo stomaco. Sei un genio. I miei piedi sono molto graziosi, penso che gli piaceranno.»

Poi si rimette a correre e mi lascia lì, come una zucca pesante, in un periodo molto lontano da Halloween.

Sono sdraiata sul divano e parlo al telefono con Belle.

«Ho ceduto. Come ho potuto essere così debole? E non per una Saint-Honoré o una meringa con la panna.

Ho ceduto con il tubo della maionese! Ero stata così brava sino alle quattro. Solo un caffè a colazione e due mele a pranzo. Dopo i sei addominali e i dieci minuti di bicicletta mi sentivo in forma perfetta. Ventre piatto e morale alle stelle. Poi qualcosa è scattato dentro di me, non saprei dire cosa...»

«Chiamiamola fame» dice Belle.

«Sì, ma dopo la maionese sul pane, si è messo in moto un meccanismo perverso e ho agguantato la Nutella e me ne sono fatta... prova a dire quante fette di pane? Prova, dài.»

«Otto?»

«No, ma ci sei andata vicina. Solo cinque, non per merito mio. È che a un tratto la Nutella è finita.»

Belle scoppia a ridere.

«Fammi capire, quale sarebbe il problema? Mica sei grassa...»

«No, se fossi vissuta ai tempi di Goya, non sarei stata grassa. Comunque sono due giorni che verso sera inizio a gonfiarmi. Forse mi sto trasformando in un gommone.»

«È colite. L'ho avuta anch'io per un po', poi ho cambiato dieta e sono stata meglio.»

«Cosa vuol dire cambiare dieta? Tre allegre foglie di rucola a colazione, un tenero gambo di sedano a pranzo e una ricca insalata di ravanelli acerbi per cena?»

«Nient'affatto. Se hai la colite, non devi mangiare verdura.»

«Ma allora sono a posto, no? Ho mangiato cioccolato e maionese... Ti devo salutare Belle, tra un paio d'ore arriva e devo ancora cucirmi un burqa per stasera.»

«Okay, in bocca al lupo» mi saluta Belle. «Ci vediamo dopodomani al matrimonio. Puoi portare anche lui, se ti fa piacere.»

Passo cento minuti seduta con l'aria assorta davanti al mio armadio, a fissare i vestiti e a decidere cosa potrei mettere stasera.

Il cd suona un pezzo degli U2. Sempre lo stesso per venticinque o ventisei volte di seguito.

But if the sky can crack, there must be some way back for love and only love...

Electrical storm.

Sono così intensi, gli U2.

Vedo già la scena al rallentatore di noi due che corriamo uno verso l'altra, sotto la pioggia.

Nooo! Sotto la pioggia non va bene, uno di noi due potrebbe scivolare.

Sarebbe così poco romantico finire gambe all'aria...

Ma perché mi rovino da sola le fantasie?

Un quarto d'ora prima delle nove sono disperata e mi agito frenetica per la casa in mutande e reggiseno. Di colpo ho deciso che mi metterò i jeans che sono nella pila di cose da stirare e la camicetta stile India povera, che ho comprato in uno di quei negozietti etnici dall'aria amichevole e dai prezzi esorbitanti.

Jeans, maglietta, profumo, spazzolata ai capelli, suono di clacson che dice "sono arrivato!", rossetto, matita nera, altro suono di clacson che dice "ehi, di casa, ci siete?", scarpe, borsetta, chiavi, comparsa del mio volto dalla finestra con sorriso rassicurante che dice "eccomi, sto arrivando", fuga in bagno per la pipì, lavaggi vari, ultima occhiata allo specchio.

Esco. E la prima cosa che vedo è un sacchetto di spazzatura posata sul sedile a fianco al guidatore. Quello dove dovrei stare seduta io, in teoria.

«Ti ho fatto un regalo» dice, fissandomi per capire la mia reazione.

«Mi sono concesso molto di più delle bricioline di

pane: ho un intero sacchetto di schifezze parcheggiato qui. Ti dispiace salire dietro?»

Come saluto non è un granché.

Salgo e ammutolisco. La macchina è in uno stato pietoso. Sui tappetini ci sono foglie secche e pezzetti di carta e le foderine hanno tracce di colori diversi, di cui non voglio sapere la provenienza.

La Spagna deve avergli dato alla testa.

«Vabbe'» dico. «Ho afferrato il concetto. Possiamo buttare fuori la spazzatura, adesso?»

Mentre faccio la domanda appoggio la mano sul sedile e sento qualcosa di viscido e peloso tra le dita. All'inizio non capisco e mi abbasso per guardare.

Poi mi accorgo che è un topo. Morto stecchito, ma pur sempre un grosso, peloso, orribile topo di fogna.

«Ferma la macchina!» grido in preda al panico.

«Perché?» chiede lui, spaventato dal mio urlo.

«C'è un topo, qui dietro! Ferma! Ti odio, questo non me lo dovevi fare!»

Lui ferma la macchina e io scendo e mi metto a correre. Via da quella cosa orrenda. Come ha potuto essere così vendicativo e meschino? Non lo perdonerò mai.

Sento che mi chiama, ma io scappo più veloce che posso. M'infilo nel bar di Vasco e vado nel bagno a lavarmi le mani. Ci sto dieci minuti buoni. Con le mani sotto l'acqua bollente, e frego, e insapono e risfrego, finché le dita non diventano rosse e gonfie. Poi vado a sedermi al tavolo e ordino una camomilla.

Sono lì che sorseggio in silenzio, quando lo vedo entrare.

«Santo cielo, Francesca» dice. «Era uno scherzo! Non credevo che ti avrebbe fatto quest'effetto» mi dice.

Ha l'aria sinceramente dispiaciuta, ma io non ho voglia di parlare.

«I topi sono una delle mie fobie» dico, tirando su col naso.

«Ma era un topo di gomma e pelo sintetico» dice.

«Sul serio?» chiedo un pochino rassicurata.

Ho fatto tutta 'sta scena per un topo di gomma?

«L'ho visto in un negozio di scherzi e ho pensato che stesse bene insieme al sacchetto di spazzatura. In fondo tu scherzi sempre, chi immaginava che avresti avuto una reazione del genere?»

«Ho delle paranoie» spiego. «Certi animali mi fanno schifo, altri mi fanno paura. I rospi, per esempio, i pipistrelli, i topi, a volte persino le farfalle, soprattutto quelle notturne. E i criceti, naturalmente, perché assomigliano ai topi. E anche se gli uccellini mi fanno tenerezza, non mi piace che qualcuno me li appoggi in grembo, perché ho sempre paura che facciano i loro bisogni addosso a me. E ho paura dei gatti, e dei cani, e sono diffidente verso le mucche e i cavalli... E non mi piacciono le persone che baciano gli animali sulla bocca...»

«Capisco» dice.

Ma so che è difficile da capire.

«Comunque sei stato perfido. Ormai quella cosa tra noi era superata» dico.

«Pensavo ti saresti messa a ridere, te l'ho detto.»

Be', meglio chiuderla qui, non voglio che la nostra serata si trasformi in una lagna.

Proprio in quel momento Vasco mi vede e viene a salutarmi.

Si siede al tavolo con disinvoltura, come se fosse il terzo invitato che noi stavamo aspettando.

«Giovanni, ti presento Vasco» dico. «Lavora qui.»

Vasco fa uno dei suoi sorrisoni disarmanti e porge la mano.

Giovanni la stringe senza ostilità. Ma non sembra

particolarmente felice del nuovo arrivo. Rifletto sul fatto che Vasco è un gran bel ragazzo. Alto, abbronzato, muscoloso. Coi capelli lunghi e morbidi e gli occhi dolci.

«Allora?» mi chiede Vasco.

«Allora cosa?»

«Hai parlato di me alla bionda?»

Incrocio lo sguardo di Giovanni. Mi studia con curiosità, come se mi vedesse sotto una nuova luce. Quella della mezzana.

«Mi spiace,» rispondo «ma in questo periodo esce con un tipo...»

«Pazienza.» Vasco alza le spalle.

«E la spilungona?» chiede dopo un po'. «Che mi dici della spilungona con gli occhiali e lo zainetto a orsacchiotto.»

«Sara? No, mi spiace. Anche lei è fidanzata.»

«Be', se ti viene in mente qualcuna che possa piacermi, io sono disponibile» si fa una risatina e mi strizza l'occhio. «Uscirei anche con te, piccola, lo sai!»

Vedo Giovanni cambiare espressione, ma Vasco lo precede e gli tira un pugno amichevole sulla spalla.

«Rilassati, sto scherzando. Conosco Francesca da quando è nata e siamo come fratello e sorella.»

Poi si allontana e va dietro al banco a servire.

Giovanni sorride. Ma è un sorriso tipo ora esco e compro un paio di catene robuste da farti roteare sul cranio.

«Hai ancora voglia di andare a mangiare la pizza?» chiedo, tanto per togliergli dal viso quello strano sguardo omicida.

«Non molta. E se andassimo al cinema?» propone lui.

«Sì, forse il cinema è meglio.»

«Magari un thriller» dice, e intanto mi prende una mano e la tiene stretta.

«Perché?» chiedo. Il cuore mi batte a tempo di rumba.

«Così magari hai paura e ti avvinghi a me» risponde tenero.

«Se è per questo, mi avvinghio meglio a casa...»

Optiamo per la quiete domestica.

Siamo lì, che camminiamo in silenzio, ognuno a pensare a qualcosa che lo collega all'altro, quando mi dice: «Certo che se ci sposeremo sarà faticoso...».

«Cosa? Chi ha parlato di sposarsi?»

«Tutti si sposano prima o poi. È solo un'ipotesi... Tu mi sposeresti?»

«Hai appena detto che sarebbe faticoso» balbetto.

«Be', i nostri incontri terminano con litigi, fughe o corse in ambulanza... Devi ammettere che non potremmo tenere questo ritmo.»

«Io non ci verrei ad abitare in città» dico.

«Potrei venire io, se mettessimo un cancello.»

«Perché dovremmo sposarci, poi?» chiedo.

«Una specie di affare commerciale, tu mi prepareresti la cena e io starei fuori a ringhiare come un mastino...»

«Potrebbe essere un'idea, ci penserò su» dico, ridendo.

Ha passato la notte da me.

A discutere.

Chi poteva immaginare che Paolo mi avrebbe mandato quell'assurdo messaggio sul cellulare proprio ieri sera?

Procediamo con ordine.

Appena siamo arrivati in casa si è messo a diluviare. Io ho iniziato a raccogliere la biancheria stesa e mentre ero affaccendata mi è arrivato un messaggio. Ho chiesto a Giovanni di leggermelo.

Era di Paolo.

Diceva:

S. d. a. molto bello.
La prossima volta che
vengo da te, porto
io qualcosa.
Paolo.
(il cacciatore)

Naturalmente è stato difficile convincere Giovanni che "s. d. a." stava per il *Signore degli Anelli*, e che abbiamo passato la notte dormendo su due divani separati, e che non ci sarà una prossima volta, e che, infine, lui è veramente un cacciatore.

«E allora che bisogno ha di firmarsi il cacciatore, se lo è davvero?» ha chiesto Giovanni.

«Sarebbe strano se si firmasse così e non lo fosse, no?»

«Non fingere di non capire. Scritto in quel modo vuol dire un'altra cosa.»

«E cosa, se è lecito?»

«Che lui è a caccia e che tu sei la sua preda.»

«Ma non farmi ridere!» ho detto.

Ma poi ho pensato che Giovanni potrebbe avere ragione.

Magari Paolo crede di piacermi.

Allora per chiarire subito le cose, ho preso il cellulare e gli ho risposto.

Al mio fidanzato
non fa piacere che
io inviti altri
uomini a casa,
soprattutto uno
che si firma il
cacciatore...
Ciao. F.

Mi sembrava un'ottima risposta. Invece Giovanni si è arrabbiato.

«Ma che messaggio è? Sembra che a te non dispiaccia, in realtà, ma che lo faccia perché te lo chiedo io.»

«Uffa, che paranoie!» ho sbottato. «Non mi interessa quello che sembra. Come te lo devo dire che Paolo non mi piace? Altrimenti l'occasione per approfondire la sua conoscenza, biblicamente parlando, l'avrei avuta la notte che ha dormito qui.»

«Magari l'hai fatto» ha insinuato lui.

«Se è questa la fiducia che hai in me, forse è meglio che non ci vediamo più...»

Poi mi ha chiesto scusa, ma io sapevo che non era colpa sua. C'era qualcosa di strano nell'aria. Qualcosa che era iniziato quel giorno quando tornavamo dall'allevamento dei cani.

Giovanni dice che facciamo così perché ci stiamo scandagliando a vicenda: volerci bene ci spaventa.

E siamo troppo adulti per prendere le cose come vengono.

«Dobbiamo solo avere fiducia uno nell'altro» ha detto.

Io ho annuito e proprio in quel momento ho posato lo sguardo sul trafiletto del giornale.

STAGE DI MAGIA BIANCA
Eliminate l'energia negativa dalla vostra
vita e dalla vita delle persone che amate.
Il maestro Scott Harris vi insegna
a realizzare i vostri desideri.
Volete che il vostro
rapporto sentimentale sia felice?
Avete bisogno di migliorare
la vostra posizione economica?
Sognate una carriera appagante?

Eccetera, eccetera.

Io sostengo molto la forza del pensiero. Credo alla potenza della visualizzazione e ho fiducia nell'atteggiamento positivo.

Uno stage di magia bianca era quello che mi ci voleva.

Intanto, però, avevo bisogno della nonna.

Così la mattina dopo, mentre lui dormiva, mi sono chiusa in cucina e le ho telefonato.

«Nonna, sono io, ciao.»

«Ciao, Francesca. Ma perché bisbigli? Parla forte che non sento niente.»

«Non posso, ho ospiti e non voglio che sentano... Ti ricordi quella cosa che mi facevi da bambina sulla testa?»

«Ti toglievo i pidocchi?»

«Nonna, cosa dici? Io non ho mai avuto i pidocchi!»

«Mi sbaglio con tua zia, allora.»

«Quella cosa col piatto e l'olio.»

«Ti toglievo il malocchio.»

«Sì, ma com'era esattamente?»

«Ci vuole una vergine che tenga il piatto con un po' d'acqua sospeso sulla testa di chi ha il malocchio. Poi qualcuno versa l'olio nel piatto e se le gocce si sparpagliano vuol dire che c'è il malocchio, se restano intatte non c'è.»

«E se c'è cosa si fa?»

«Ci sono delle formule. Ma va bene anche una preghiera, detta sottovoce.»

«Un miscuglio di superstizione e religione, che strano...»

«Già e tu non credi a nessuna delle due cose. Perché ti interessa?»

«Una volta uno scienziato ha invitato un altro scienziato a casa sua. Quando il tipo è arrivato, ha visto che il suo ospite aveva un ferro di cavallo appeso alla porta e gli ha chiesto: “Ma come, uno scienziato del tuo calibro crede a queste cose?”. E lui ha risposto: “In realtà non ci credo, ma dicono che funzioni lo stesso”.»

«Certo che funziona!» ha borbottato la nonna.

«Era una barzelletta, nonna, un giorno te la spiego. Ora devo salutarti.»

Così sono andata a chiamare la figlia della vicina, che ha voluto tre euro di mancia per fare quello che le ho chiesto.

Siamo entrate in silenzio in camera. Carola reggeva il piatto con l’acqua e io tenevo la bottiglia dell’olio.

Ci siamo avvicinate al letto e mentre lei stava col piatto sollevato sulla testa di Giovanni, io ho versato qualche goccia di olio nell’acqua.

Incredibile: l’olio si è letteralmente spantegato, come si dice in gergo!

Allora mi sono messa a bisbigliare l’*Ave Maria*, ma non me la ricordavo più.

«Ave Maria, santa Maria... com’è? Non me la ricordo...» ho detto, sempre parlando sottovoce a Carola.

«Questo piatto pesa» ha risposto lei.

«Ti do un altro euro se mi dici l’*Ave Maria*.»

Così lei diceva una frase e io la ripetevo. A un tratto Giovanni ha aperto gli occhi e mi ha guardato sorridendo.

«Preghi, amore?» ha chiesto.

Poi si è girato di là e si è rimesso a dormire.

Tornata in cucina anch’io ho voluto fare la prova del piatto. Lo immaginavo. Olio sparpagliato anche questa volta: malocchio!!

Così nuovo giro di *Ave Maria*.

«Mi vengono altri tre euro» ha detto Carola. «Ho fatto il lavoro anche per te.»

«Te ne do cinque in tutto. Ti rendi conto che ti ho

appena insegnato un mestiere? Se decidi di non fidanzarti mai, hai una carriera assicurata...»

Poi l'ho spedita e ho telefonato a Scott Harris.

Lunedì mattina alle nove Giovanni mi chiama.

«Sei sveglia?» chiede.

«No, ma riesco a risponderti lo stesso.»

«Com'è andato il grande evento?» chiede.

«Mah... Eravamo convinte di essere molto eleganti, io e le mie amiche... con i vestiti nuovi e fruscianti scelti da Belle, e i nostri cappelli da cerimonia. Poi, mentre ce ne stavamo lì, impettite nel piazzale vicino alla chiesa, aspettando che Tommy e Belle finissero di firmare le loro scartoffie, Talia ci ha detto: "Ehi, giratevi un attimo". E ha indicato il nostro riflesso nella vetrata di un ristorante. Cavoli, sembravamo quattro donne adulte coi vestiti della comunione. Che umiliazione!»

«Ma smettila» dice Giovanni, ridendo. «Sarai stata bellissima e tutti gli uomini ti avranno detto quella cosa del cappello, come nel film di cui mi hai parlato.»

«Uomini? Non mi pare ce ne fossero. L'unico che mi ha presa di mira è stato una bestia di vigile che mi ha fatto la multa. Ma si può andare a multare tutte le macchine parcheggiate vicino alla chiesa, compresa quella degli sposi, il giorno del matrimonio? Ah! E non ti ho detto di Tommy, poveretto... Aveva un occhio nero! Non abbiamo capito bene come se lo sia fatto. Certo non è divertente farsi fotografare il giorno delle proprie nozze col viso pesto, no?»

«Già... Come procede il tuo libro?»

«Male. Ho il blocco dello scrittore. Il fatto è che nemmeno lo sono, una scrittrice. Non potrò mai raggiungere il calibro di scrittrici come Marina Cvetaeva che scriveva "*Non mi sono abbellita negli anni del di-*

stacco!/ Non ti arrabbierai per le mie mani rozze,/ che si aggrappano al pane e al sale?".»

«Detto così suona un po' deprimente.»

«Ma era grandiosa, credimi... Poeticamente parlando, intendo. Le mie idee non collimano completamente con le sue, ma ha scritto cose sublimi. Io invece... siamo seri, dài! A chi interessano libri che raccontano storie improbabili di persone ai confini della follia?»

«A me?»

«Tu non conti. Se mi pubblichi il libro, nemmeno lo compri. Lo possiedi già. E poi ci sono quelli che conosco, che vorranno tutti la copia omaggio... Comunque, nel frattempo ho anche iniziato un libro sulle diversità tra uomo e donna...»

«Tipo *Gli uomini vengono da Marte, le donne da Venere?*»

«Tipo. Il mio s'intitola: *Col semaforo rosso le donne si truccano, gli uomini si scaccolano.*»

«Non stai dicendo sul serio?»

«Guarda che è vero. Non l'hai mai notato? Be', ora ti saluto, tra poco ho un appuntamento con un centro...»

Esito.

«Sì?» chiede lui.

«Un posto dove si fanno quelle cose» dico.

«Ah! Quelle cose! Adesso è chiaro.»

«Te lo spiego un'altra volta, ciao. In fondo agli uomini piacciono le donne misteriose, no?»

«A me no» risponde.

Poi ci salutiamo.

Alle dieci sono seduta insieme a Sara (l'ho convinta a venire) e ad altri pittoreschi personaggi nella sala meditazioni del Centro La Gioia, con le sedie disposte a cerchio e un vago odore di incenso nell'aria.

Scott Harris è un ometto magro, sulla settantina, barba grigiastra, capelli grigi, lunghi, legati a coda di cavallo, T-shirt larga, nera. Pantaloni ampi, neri. I suoi occhi sono chiari e ha un sorriso dolce. Ma la sua bocca è un po' troppo umida e vorrei che si asciugasse gli schizzi di saliva che gli restano appiccicati agli angoli delle labbra. Questa cosa della saliva mi distrae spesso.

Il suo assistente è un ragazzo sulla trentina, capelli a zero, alto, magro, tunica viola. Lo chiamano Rubens, ma non so se sia un soprannome.

Ci siamo tolti le scarpe e ogni volta che abbasso gli occhi per concentrarmi vedo il buchetto in uno dei calzini di cotone, non propriamente bianchi, del mio vicino di destra. Probabilmente tutte le sue calze sono bucate perché ha dei piedi enormi. È tutto enorme, a dire il vero. Sarà quasi due metri e peserà centoventi chili. Mi aspetto che da un momento all'altro la seggiolina su cui è seduto ceda e lui finisca gambe all'aria. Ha un taglio da skinhead e una bella serie di tatuaggi sul collo e sulle braccia.

Il mio vicino di sinistra emana un vago odore etilico. Così io evito di girarmi dalla sua parte e non so niente di lui, a parte il nome, che sento quando si presenta: Gatto. Sarà il nome o il cognome?

Sedute di fronte a me ci sono due sorelle sulla quarantina, entrambe bionde, capelli lunghi e lisci, portati sciolti sulle spalle, alte e magre. Una ha l'aria estatica e sorride di continuo, l'altra ha lo sguardo preoccupato e ogni tanto fissa i piedi di Luca, il mio vicino. Quella ispirata si chiama Sara, come la mia amica, l'altra si chiama Rachele. Due nomi biblici.

«Teniamoci per mano,» dice Scott a un tratto «e lasciamo che la nostra energia positiva passi attraverso il cerchio che stiamo formando.»

Sono reticente.

Scott mi sorride e piega la testa facendo un cenno che vuol dire “dài, coraggio!”.

«E che mi dice dell’energia negativa?» chiedo. «Noi adesso facciamo scorrere la nostra energia, ma quando interrompiamo magari ci siamo riempiti di energia negativa altrui...»

Tutti guardano Harris interrogativamente.

«Non è l’approccio giusto» dice Scott e scuote leggermente il capo. «Dobbiamo fare un atto di fiducia verso il prossimo e un atto d’amore verso tutti i presenti.»

Scott si alza, va ad abbassare le luci e accende una candela.

«Non dovete essere così tesi» dice, quando torna a sedersi.

Parla al plurale ma ovviamente si rivolge a me.

Abbiamo come sottofondo una specie di musica orientale di cui sembrano elementi fondamentali lamentosi gorgheggi.

«Inspirate, espirate. Inspirando lasciate che la luce purificatrice della gioia penetri dentro di voi. Espirando allontanate ogni impurità dal vostro corpo.»

Inspiro e m’illumino come una lampadina da cento watt.

Espiro e sento la puzza di fiato del mio vicino di sinistra che s’insinua nelle mie narici ribelli.

Perché sono venuta?

E chissà quanto mi costerà...

Sbircio nella direzione di Sara. Ha il sorriso sulle labbra e gli occhi chiusi. A quanto pare questa cosa la prende bene.

«Chiudete gli occhi e aprite i vostri centri di energia. Prendetevi per mano e lasciate che l’energia scorra... Visualizzate l’energia che scorre.»

I miei vicini mi prendono la mano, una ciascuno e io fingo che non ci sia nulla di strano nello starsene lì, seduti a tenere per mano un alcolizzato e un omone di centoventi chili, mentre un tizio che si spaccia per americano ma che aspira le parole alla siciliana, ci dice di creare un santuario dentro di noi.

«Invocate la vostra guida spirituale e chiedetegli di lavorare in voi e attraverso di voi...»

«Ti prego guida» dice Sara con una voce vibrante di passione. «Vieni e lavora attraverso di me!»

Poi si accorge che doveva essere un'invocazione interiore, non a voce alta, e tace di colpo.

«Ora potete aprire gli occhi.»

Uff.

«Adesso Rubens darà a ciascuno di voi un foglio e una matita e voi scriverete la prima parola che vi passa per la mente. O disegnerete un oggetto, se preferite.»

Mi sembra di essere tornata all'asilo.

"Ghee-ghee" scrivo sul mio pezzo di carta.

Lì per lì mi sembra onesto scrivere la verità.

Ma poi gli altri iniziano a leggere quello che hanno scritto, e cioè parole come purezza, equilibrio, pace, paura...

Di colpo non sono più sicura che non verrò fraintesa.

Tocca a me.

Taccio.

Tutti mi guardano sorridendomi, con amicizia e comprensione, com'è giusto fare in questi momenti di grande spiritualità.

«Ghee-ghee» dico, abbozzando un sorriso a mia volta.

Sara spalanca gli occhi e mi fissa interrogativamente.

«E cioè?» chiede Rubens.

«Una specie di ritorno all'innocenza dell'infanzia, il primo vagito...»

Vedo che fanno tutti un sospiro di sollievo.

«Perfetto» dice Harris.

«Ora partendo dalla parola che ha scritto, qualcuno forse vuole raccontarci qualcosa, o magari parlare di un suo problema, di quello che si aspetta dal nostro percorso verso la gioia.»

Mi vien da immaginare il nostro gruppo che corre leggiadro nei campi assolati, in viaggio verso la gioia.

Taccio.

Non voglio attirare l'attenzione su di me.

Sentiamo cos'hanno da dire gli altri.

L'uomo di destra alza la mano e dice: «Se non vi dispiace parlo io».

«Certo, certo...»

Per gli altri è un sollievo che uno si sia fatto avanti per primo.

«Sul giornale c'era scritto che risolvevi i nostri problemi economici, ma fino a questo momento non ci hai fatto fare altro che respirare e chiudere gli occhi, che porca miseria tra un po' m'addormento su questa sedia scomodissima. E comunque m'è venuta anche l'emicrania. Ce la fai 'sta magia o non ce la fai?»

Accidenti! Povero Scott!

Ma lui resta impassibile e continua a sorridere.

«Io non posso fare nulla per voi, se non collaborate. Vi indicherò la via della gioia, ma dovrete credere in voi stessi.»

L'atmosfera gioiosa si è un po' rovinata.

«Non è che lui sia un vero mago che fa le magie con la bacchetta» interviene Rachele, rivolta a Omone. «La magia è dentro ciascuno di noi, dobbiamo solo imparare a usare in maniera positiva l'energia e la forza della nostra mente.»

«Ma nient'affatto!» sbotta Harris. «Io sono un vero

mago! Conosco filtri, pozioni, elisir. Al pari di Merlino, l'Incantatore, sono in sintonia col mondo della natura e ho la conoscenza dei poteri del mondo vegetale, animale e minerale. Ora ve lo dimostro.»

Poi si piazza a gambe divaricate di fronte a Omone.

«Spingi, su.»

Omone esita.

«Avanti, vuoi la magia o no?» dice Harris. «Tanto non mi smuovi.»

Omone inizia a spingere Scott, che non si sposta di un millimetro.

Siamo tutti molto colpiti.

Così da quel momento faccio esattamente tutto quello che dice Scott, compreso pagare cinquanta euro per la tessera d'iscrizione al Centro e venticinque per la seduta.

Ma prima di andarcene dobbiamo alzarci in piedi e lasciare che le nostre tensioni escano dal corpo.

Ma ve lo immaginate? Se un ometto come Scott ha ottenuto una forza da lottatore di sumo, io, che sono alta il doppio di lui, alla fine del corso come minimo avrò una potenza che il mastino lo prenderò a morsi!

E comunque non è il motivo per cui ho iniziato le lezioni. Il motivo è che voglio diventare una persona buona, eccetera – vedi la tiritera iniziale su Giovanna d'Arco – e voglio che le cose tra me e Giovanni funzionino.

Strano come io mi senta già bene.

Mentre vado a casa pesto una caccona di cane col famoso unico paio di scarpe che possiedo, ma invece di fare come avrei fatto normalmente – e cioè imprecare contro i proprietari di cani che se ne sbattono di dove i loro scodinzolanti amiconi depositino le bombe puzzolenti – alzo le spalle con indifferenza, mi sfilo le scarpe e le getto nel bidone più vicino.

«Finalmente» dico. «Era tanto che lo volevo fare! Odiavo quelle stupide scarpe!»

«E adesso vai a casa scalza?» chiede Sara.

«In Africa un sacco di gente cammina scalza» rispondo, attingendo alla nuova saggezza cosmica che illumina la mia anima.

Sta funzionando, capite?

Scott Harris è davvero un grande mago.

Entro in casa, vado a lavarmi i piedi, li asciugo con delicatezza e li accarezzo.

Perché sono una parte di me, e io sono importante.

Così ci ha detto di fare Scott.

E Scott è un mago.

La mia vita è cambiata.

Prima di tutto telefono alla mamma e la trovo! (Lei dice che succede perché finalmente chiamo a ore normali, ma io so che è merito del mio cammino spirituale verso la gioia.)

Secondo: con Giovanni le cose filano a meraviglia. (Anche se purtroppo non ci siamo ancora rivisti dalla mattina del malocchio perché siamo stati tutti e due molto presi.)

Terzo: ho quasi finito il mio libro e inoltre hanno pubblicato la pagina di «Viola» con le risposte alle lettere.

Quarto: ho fissato un altro appuntamento col dentista.

Quinto e importantissimo: la mia paura degli animali sta scomparendo!

Come lo so? Ora vi spiego.

Ieri ho finalmente mantenuto la promessa fatta a Jamine e sono passata a prendere i suoi quattro figli.

«Dove si va? Al cinema danno l'*Era Glaciale 2*...» ho detto speranzosa.

«No, andiamo al rettilario!» hanno gridato i tre gemelli.

Mi sono voltata verso Barbara, la piccolina di tre anni. Era la mia ultima possibilità di salvezza.

«Lettilaio-io!» ha strillato felice.

«Forse vuol dire cinema» ho detto poco convinta ai suoi fratellini.

«No, vuol dire rettilario» hanno detto loro, parlando in coro e scuotendo la testa a tempo come tre nuotatori di nuoto sincronizzato.

Li ho guardati affascinata: tre cloni bilingue di sette anni e mezzo, con espressione volitiva e idee chiare.

Chissà se anche i gemelli di Ginevra si muovevano a tempo...

Così li ho portati al rettilario, che in via eccezionale stava ospitando una simpatica mostra di ragni e altre amenità su zampe.

«Ti prego, mio dio, fa' che non siano bruchi pelosi o viscidi lombrichi!» ho implorato, fissando il cartello dove si dava notizia della mostra.

«Li tengono in scatole di vetro sigillate, non c'è da aver paura!» mi ha detto sorridendo un nonno che teneva per mano una bimbetta con le trecce.

«Il fatto è che io mi impressiono anche solo a vedere il disegno di quella roba... ma non un disegno fatto bene, anche solo una bozza, capisce? Supponiamo che lei mi dica "Ora disegno la zampetta di uno scarafaggio" e faccia un segnettino nero sul foglio, io già sto male...»

«Davvero?» mi ha chiesto la nipotina, colpita dalle mie parole.

«Sta scherzando» le ha detto il nonno, ridendo.

«Solo in parte, solo in parte...»

Poi siamo entrati e io ho pensato che il mio cammino

verso la gioia doveva comunque passare attraverso ogni esperienza di questo mondo.

Come dicono buddisti e taoisti e san Francesco, bisogna amare tutte le creature di Dio.

«Bambini datemi la mano» ho detto.

«Noo... non abbiamo paura!» hanno replicato i gemelli.

«Io paua» ha detto in quel momento Barbara e ha spinto il labbro inferiore in avanti.

Eravamo davanti a un grosso serpente addormentato.

Cosa dovevo fare?

Non potevamo metterci a strillare in due.

«Basta che pensi a lui come a un personaggio dei cartoni animati» ho detto, sforzandomi di fare un sorrisetto coraggioso.

«Questo è Kaa, il serpente del *Libro della Giungla*. Tiene gli occhi chiusi perché non vuole ipnotizzarci. Ma se ci sono in giro le scimmie delle Tane Fredde, quelle che avevano rapito Mowgli, lui si sveglia, si stiracchia un po', fa un grosso sbadiglio e poi gli basta emettere un solo fischio e loro scappano terrorizzate.»

Barbara si avvicina al vetro e guarda Kaa incuriosita.

«Quella è sua madre» ho detto, indicando un'altra scatola di vetro.

«Anche lei dorme perché stanotte qui c'è stata una festa. Quando non c'è pubblico questi bei serpentoni se la spassano e se ne vanno un po' in giro liberamente.»

Ho visto che oltre a Barbara e ai gemelli, mi si sono accodati altri tre o quattro bimbi piccoli. Dovevo sembrare una maestra che portava i ragazzini in gita scolastica.

«Questo invece è suo cugino Monty» ho spiegato, avvicinandomi a un serpente, molto simile al primo. «Questo rettile è un campione di lotta libera. Prima di ritirarsi ha combattuto con altri serpenti della sua specie e ha sempre vinto.»

«È il più velenoso di tutti?» mi ha chiesto un bambino con una maglietta dell'Uomo Ragno.

«Noo! È un pitone, ragazzo. Questo non ha veleno, questo stritola con la forza di un gigante!»

«Oh!»

«Andiamo a vedere i ragni» mi hanno detto i bambini.

«Quelli sì, quelli sono simpatici» ho risposto.

«Perché?»

«Non sapete che la mamma di tutti i ragni, prima di diventare ragno, era una ragazza bellissima? Forse la troviamo qui in mezzo. Tanti anni fa c'era questa ragazza che si chiamava Aracne ed era bravissima nell'arte del tessere. Un giorno però commise un errore. Sfidò la dea Atena a una gara di tessitura e la dea, gelosa, distrusse il lavoro di Aracne e trasformò lei in ragno.»

«È questa?» ha domandato la bambina con le trecce, indicando un ragno rincatucciato contro la parete trasparente.

«Sì, dev'essere lei» ho detto.

E di colpo mi hanno fatto tenerezza.

Poveri ragni.

Poveri serpenti.

Chiusi lì dentro senza un serio perché.

Mi stavo commuovendo, capite?

«Ma è morta» ha detto a un tratto uno dei gemelli.

Ho guardato meglio. Era vero!

Così abbiamo chiamato uno dei responsabili della mostra e io gli ho domandato se potevamo andare fuori a seppellire il ragno.

«Cosa vuole fare?» ha chiesto strabuzzando gli occhi.

«Vogliamo dare sepoltura ad Aracne» ho detto con tono contegnoso.

Lui ha annuito, ha preso una scatoletta di cartone, ci ha ficcato il ragno e mi ha messo la scatola in mano.

«Ai fiori ci pensa lei?» ha chiesto ironico.

Poi siamo andati a seppellire il ragno in una delle aiuole fiorite del parco.

Non avendo di meglio ho scavato con la limetta per le unghie.

«Poverina» dicevano i bambini.

«Non preoccupatevi per lei» li ho tranquillizzati. «È ritornata fanciulla, adesso! Lassù starà benissimo.»

«Ciao Aracne» ho detto, alla fine.

«Ciao Aracne!» hanno ripetuto in coro i bambini.

È stato un attimo di grande intensità, in cui mi sentivo fusa con l'universo e tutte le sue creature.

Ero pronta per affrontare la vita con forza e serenità.

Dal profondo del cuore.

Poi Barbara mi ha tirato per la manica e ha detto: «Mi sono fatta la pipì addosso».

Se tutto ha un significato preciso, se ogni cosa accade in quell'esatto istante perché c'è un disegno, cosa c'entrava la pipì in quel momento?

Sono preoccupata per Ginevra. Sono un po' di giorni che non la sento. Al telefono risponde sempre la segreteria telefonica e nessuno l'ha sentita né vista da almeno una settimana. Ho telefonato anche al lavoro e mi hanno detto che è in ferie per quindici giorni. Sì, lo so, potrebbe essere partita. Ma quanto meno ci avrebbe avvisate. Temo che possa esserle successo qualcosa.

Così stasera ho chiamato Talia e Sara e ci siamo messe d'accordo per andare insieme a casa sua.

Nel vialetto c'è la macchina parcheggiata. Ma come fa notare Talia non significa niente: il più delle volte Ginevra ha qualcuno che le dà passaggi.

«Be', la luce della cucina è accesa» dice Sara.

Suono con decisione il campanello e restiamo in attesa.

«Chi è?» gracchia una voce dal citofono.

«Francesca» rispondo. «E con me ci sono Sara e Talia.»

«Guardi che ha sbagliato campanello» risponde la voce.

«Mi scusi» dico confusa.

Che strano, eppure mi era sembrato...

Così suono di nuovo.

«Magari è sotto la doccia» osserva Sara.

«Mhmm... forse» dico. Ma non sono convinta.

«La voce che ha risposto prima era la sua» dico. «E sono sicura di aver suonato il campanello giusto anche la prima volta.»

Suono di nuovo. Questa volta una scampanellata bella lunga.

Ma niente da fare, non risponde.

«O forse non è sola...» azzarda Talia.

E di colpo ho l'illuminazione.

«Ma certo! Non può rispondere perché non è sola. Ma non per il motivo che hai pensato tu, Talia» dico d'un fiato.

«Vuoi dire che c'è qualcuno in casa sua che la tiene prigioniera?» chiede Sara, parlando a voce bassissima.

Taccio. Non voglio allarmarle, ma Ginevra è troppo fiduciosa verso il prossimo. È bella, vive sola... E se qualcuno l'avesse seguita? Dio, non voglio pensarci.

«Dobbiamo andare su e farci aprire» dico.

«Va bene» dice Talia. Ed estrae dalla borsetta la sua lima per le unghie.

È di metallo e molto appuntita, ma non credo che sia utilizzabile come arma.

Saliamo in punta di piedi i tre piani di scale, per non

far sentire che stiamo arrivando. Poi, giunte davanti alla porta di casa di Ginevra, accostiamo l'orecchio, circospette. Nessun rumore.

Va bene ora mi sono stufata.

Busso con vigore alla porta e urlo: «Aprite subito la porta o chiamiamo la polizia».

La minaccia fa effetto perché dopo due secondi si sentono dei passi e Ginevra in persona ci apre la porta.

Ha una maschera celestina sul viso, un asciugamano avvolto intorno al capo, e indossa una tunica lunga, bianca. Non sembra avere l'aria di una che è stata sequestrata.

«Okay» dice. «Ma ho pochissimo tempo.»

Parla aprendo le labbra in maniera impercettibile. Un millimetro, più o meno. Dev'essere la maschera.

«Sei sola?» chiede Sara.

«Mhmm...» mugola annuendo con la testa.

Io, Talia e Sara ci scambiamo una tacita occhiata della serie "evitiamo di diffondere la notizia delle nostre assurde apprensioni".

«E si può sapere perché non ci aprivi?» chiede Talia irritata.

«E come mai sei sparita e non rispondi al telefono?» aggiungo io.

Ginevra fa un piccolo sbuffo, alza gli occhi al cielo e ci indica il divano. Poi, sempre mimando, fa segno che deve andare a lavarsi il viso e sparisce in bagno.

Dopo un minuto ritorna e si siede impettita di fronte a noi.

«Sono stata da un chirurgo plastico» spiega.

«Perché?» chiede Sara. «Cosa devi plastificarti?»

«Non incominciamo con quelle stupidate tipo "le rughe ti rendono più interessante, il naso grosso ti dà più personalità e via dicendo"» sbotta Ginevra.

«Ma tu non hai né rughe, né naso grosso» protesta Sara.

«Esatto, per ora non ho rughe» ammette Ginevra. «Per lo meno nulla di serio. Ma il dottor Lavigna dice che se voglio evitare di vederle fiorire di colpo da un giorno all'altro devo cercare di evitare troppa mimica facciale. Quindi ridere meno, lasciarmi meno coinvolgere nelle discussioni, non piangere, non urlare... Ragazze, è chiaro che non possiamo frequentarci. Per un po', per lo meno. Sto facendo un trattamento intensivo. Otto maschere al giorno per quindici giorni, più dieta alimentare adeguata, esercizio fisico e relax.»

«Vuoi dire che ci hai escluse dalla tua vita per tenere a bada le rughe?» chiedo.

«Sì» ammette candidamente. «E comunque era solo per un po'...»

Ginevra s'interrompe e abbassa lo sguardo a disagio.

Non ci posso credere!

«Be', ogni tanto fa bene staccare, no?» chiede.

«A giudicare dallo sguardo torvo non sembri molto rilassata» dice Talia.

«In effetti è una rottura... sto chiusa in casa, non parlo con nessuno e non faccio che spalmare e levare strati di crema.»

«E poi sono un po' agitata per l'intervento al naso...» aggiunge.

«Ti rifai il naso?» chiedo.

Ma è impazzita? Ginevra è quasi perfetta, ha persino vinto un concorso regionale di miss quando aveva già trentadue anni!

(Barando sull'età per essere ammessa...)

«Sfilo appena la punta» spiega.

«Ma sei scema?» l'aggredisce Talia. «Vuoi avere uno

di quegli orribili nasi corti da pipistrello che sfoggiano le attrici di seconda categoria?»

«Tipo?»

«Non so, le donne coi nasi troppo corti non restano impresse nella memoria, la gente tende a dimenticarle...»

«Ma non dire cavolate.»

«No, ha ragione» intervengo io. «Proviamo a vedere chi ci viene in mente... Barbra Streisand... ha il naso importante, ma ha un viso ironico, intelligente, seduttivo... Andy MacDowell, non ha un naso grosso, ma nemmeno piccolo.»

«E chi sarebbe?» chiede Talia.

Dio, ma da che parte sta?

«È quella di *Quattro matrimoni e un funerale*» spiego.

Ma, insomma, l'ho visto solo io quel film?

«E Meryl Streep?» dice Sara. «Non ha il nasino, ma è un'attrice eccezionale e...»

«Sì, ma non piace agli uomini» la interrompe Ginevra.

«Ma chi l'ha detto? Certo che piace agli uomini.»

«Okay. Che mi dite di Nicole Kidman? Ha il naso piccolo, no?» chiede Ginevra.

«Sì ma quando ha recitato in *The Hours* glielo hanno allungato» replica prontamente Talia. «Per darle un'aria più...»

«Uffa, smettetela! Non mi interessano le attrici.»

«Comunque è doloroso, sai?» aggiunge Sara. «E a volte il naso cade e bisogna rifarlo...»

«Oh, bene! Meno male che ho delle amiche come voi a farmi coraggio.»

Per un po' restiamo in silenzio senza sapere cosa dire.

Poi decido di cambiare strategia.

«Ed è per questo che parli così?» chiedo ridacchiando.

«Così come?» domanda Ginevra.

«Goroboldo fo foroto...» dico, chiudendo le labbra per farle il verso.

«Su, rogozze» dico, sempre tenendo le labbra strette. «Diamole uno mono. Porliomo como loi.»

«Mo sì, doi» mi fa eco Talia. «Cho se no cio vongono lo rugo...»

«Che stronze!» dice Ginevra.

Ma si mette a ridere.

«Visto perché devo starvi lontano?»

«E dài, usciamo...» la supplico.

Credo che Ginevra non aspettasse altro. Schizza in camera a vestirsi e dieci minuti dopo siamo sedute in gelateria.

«Sapete una cosa?» ci dice Ginevra. «Non mi piacciono i pipistrelli... Credo che mi terrò il mio naso.»

Ognuno è responsabile delle proprie azioni.

Odio questa frase.

Che cavolo significa?

Che, per esempio, se qualcuno fissa un appuntamento col dentista in un momento di sfrontata euforia, poi è tenuto a presentarsi?

Il mio appuntamento è alle undici.

Di oggi.

Sono solo le nove e mezza. Ho tutto il tempo per prepararmi e andare, *volendo.* Non posso disdire due volte di seguito.

Sì, farò così.

Andrò.

Che sarà mai?

Un'oretta di paziente sopportazione con qualche rotolo di garza formato cannolo sotto le labbra...

...e apribocca metallico tarato sull'apertura mandibolare di un anaconda...

...e cavità orale blisterata da tendina in gomma...

...e pompetta aspirasaliva piantata *in senso letterale* nella gengiva inferiore...

...e generose irrorate di disinfettante al peperoncino...

...nonché sensazione di labbra da cernia, per eccesso di anestetico.

Senza contare il fatto che il dentista per socializzare ti fa domande di ogni tipo, alle quali tu, che non vuoi contrariarlo, sei obbligata a rispondere con gargarismi subumani che arrivano direttamente dalla strozza, suoni privi di significato che lui, *solo lui*, riesce a interpretare.

Il dialogo surreale che ne vien fuori è una cosa alla Harold Pinter.

«Le ha fatto male il dente?»

«Groоog...»

«A proposito, non ho più visto sua madre. Come sta?»

«Orhggrr...»

«Davvero? Mi fa molto piacere. Le dica che dobbiamo controllare quel ponte... Sente male così?»

«Ahaaa...»

«E così?»

«Ahaaa...»

«Perfetto, qui c'è da canalizzare.»

E se il dentista avesse un colpo apoplettico proprio mente mi scava il molare?

Ma ci pensate? Potrebbe svenire e piantarmi il trapano nella gengiva!

O se invece decidesse di vendicarsi di tutte le volte che ho saltato la seduta e spezzarmi un paio di corone sane?

E se si sbagliasse e usasse guanti sporchi di saliva altrui?

Magari saliva canina!!

Chi cura i denti dei cani, quando hanno le carie?

Dio! E se si confonde e usa con me il trapano che adopera col suo terranova?

Il telefono.

La mia salvezza.

«Buongiorno, studio del dottori Finisi e della dottoressa Zucchi.»

«Hallo!» dico, aspirando bene l'acca, alla tedesca.

«Signora Soprani?»

«Nein, sono zua cugina. La zignora Zoprani è spiazente di dofer rinfiare l'appuntamento di qvesta mattina, ma è a letto malata, poferetta, con forte raffretore. La richiamerà appena starà meglio. Arrifederci.»

Poi butto giù il telefono e mi accascio sul divano.

Tutto questo è stremante.

E poi la cosa inizia a preoccuparmi un pochino.

Fino a quando durerà questa storia?

Si può definire matura e affidabile una donna che si comporta come me?

Sono assorta in quest'autoanalisi improduttiva quando mi arriva un messaggio di Talia. Dice che mi ha trovato un lavoro.

Mi ha trovato un lavoro.

Tremo al pensiero

Talia usa toni pieni di entusiasmo.

Una vera bomba!
Vedrai.

Conoscendola potrebbe essere qualcosa che ha davvero a che fare con gli esplosivi.

D che si tratta?
Devo vendere
minicicciolì d
contrabbando?

La domanda cade nel vuoto.

Non fare la scema.
X ora è solo
1 giorno d lavoro
ma c possono
essere sviluppi.
xké non mangiamo
1 insalata insieme?
Così t spiego tutto!

Un'insalata? Suona quasi offensivo, mica siamo capre!

Solo 1 giorno!
E che lavoro è?
Devo fare il camallo
in 1 trasloco? Va bene,
insalata da Uomonero
all'1. Ciao.

In realtà provo sollievo: i lavori che durano solo una giornata sono i miei preferiti. Non mi fraintendete, la fatica fisica in sé non mi spaventa. È che il taoismo mi ha influenzata parecchio. Ne ho colto l'essenza.

Il segreto della virtù sta nell'agire senza agire.

Sono io, parla di me, sapete?

Perché complicarsi la vita con le novità?

E poi non mi sento a mio agio quando sono gli altri a dirmi cosa devo fare. Ho un senso dell'indipendenza molto alto, ecco.

Cosa ci posso fare?

All'una siamo sedute a un tavolino dell'Uomonero. Lo chiamiamo così per due motivi.

Primo: egli è veramente molto scuro di pelle, di capelli e di pelo. Secondo: definirlo uomo dall'atteggiamento ostile e dalla natura aspra, è un po' voler parlare solo dei lati buoni.

Uomonero non saluta, risponde a monosillabi e apre bocca solo per rimproverare duramente gli inconsapevoli turisti che non rispettano le regole del locale.

Le regole non scritte (che la gente del posto ha assimilato con la pratica e il pubblico ludibrio) sono:

– non ostentare troppa allegria;

– non usare toni di voce squillanti (cosa che tendenzialmente fanno gli ignari milanesi in vacanza);

– non cercare di intavolare conversazioni amichevoli con l'Uomonero;

– non osare entrare col costume umido e sporco di sabbia;

– non azzardarti a fumare;

– non lasciare la porta aperta se è chiusa, e non chiuderla se è aperta;

– non perder tempo a scegliere dal menu, tanto mangi solo quello che Uomonero decide di preparare.

Se rispetti queste piccole norme di convivenza, puoi gustare i migliori piatti di pasta della riviera per pochi euro e goderti la vista di uno dei golfi più belli del mondo.

Mentre Talia mi spiega cosa dovrei fare, arrivano due piatti di spaghetti odorosi come il maggio leopardiano e io ho uno slancio di tenerezza verso Uomonero che ci nutre con tanta ostinazione.

«Niente nizzarde» dice, con un picco di loquacia. «La feta è finita.»

Ma io so che la verità è un'altra.

Lui ci legge dentro!

È per questo che continuiamo a venire qui: Uomonero ci fa mangiare quello che ci piace.

«Fammi capire» chiedo a Talia, tra una forchettata e l'altra. «Mi hai proposta a un'agenzia come guida turistica per un pullman di giapponesi che vogliono vedere la casa di Cristoforo Colombo?»

«Insomma, sai le lingue, no?» chiede Talia, irritata dalla mia reticenza.

«Sì, ma non il giapponese» dico.

«Ma che sarà mai, Francesca? Ormai parlano tutti inglese.»

«Ma non ho mai fatto la guida turistica.»

«Santo cielo, si tratta di Genova. La conosci! Li porti a mangiare la focaccia in via San Vincenzo, mostri le aiuole di piazza della Vittoria con i fiori disposti a caravelle, andate alla casa di Colombo, poi fate un salto a Palazzo Ducale o una visitina a Porto antico. Se ti avanza tempo c'è anche Staglieno.»

«Il cimitero?»

«È famoso.»

«Mi rifiuto di portare turisti a passeggiare tra le tombe!»

«Be', c'è il Museo di arte orientale con tutte quelle armi giapponesi.»

«Non verranno a Genova per vedere roba di casa loro.»

«Allora li porti a Quarto a vedere la spiaggia da cui è partito Garibaldi e poi ve ne andate a fare shopping. I giapponesi spendono un sacco quando sono in vacanza.»

«Dio, non so. Non sono i posti da vedere che mancano. È che non ho esperienza...»

«Ma non ti rendi conto? Se la cosa riesce possiamo rifarlo. Magari ci apriamo un'agenzia di visite guidate. Questi giapponesi non me li ha mandati la vicina di casa, sai? Li ho intercettati al ristorante di Mel...»

Cosa sta blaterando? Non capisco.

«Intercettati?» chiedo.

Suona un po' come una cosa losca.

«Stavo aspettando fuori che lui finisse il suo turno, quando ho visto uscire il gruppo dei giapponesi. Allora mi sono fatta coraggio e ho chiesto se volevano una guida per visitare Genova. Non parlo bene l'inglese, ma mi hanno capito. Ho sparato una cifra e loro hanno detto che era okay.»

«Ma allora non c'è nessun incarico da parte di nessuna agenzia. Siamo io e te?»

«Sì» dice Talia candidamente.

«E chi guida il pullman?»

«Mel. Ha la patente di autista e ha detto che ci sta.»

«Ha anche un pullman?»

«No, quello ce lo procura il fidanzato di Sara. Suo cugino è il direttore di Rivierlinea.»

«Ma... ma dove? Quando?»

«Domani mattina alle dieci, nel piazzale delle fabbriche.»

Di colpo mi passa l'appetito.

«Dovrò chiamarlo Mel anch'io?» sbotto. «Non ce l'ha un nome?»

«Oh, sì. Si chiama Ruperto, ma è un nome orribile. Se lo abbrevi diventa Rupi. Meglio Mel, no?»

«Okay. Ma come hai fatto a organizzare tutto così in fretta?»

«In realtà è un po' che ci penso. Da quando ho scoperto che il cugino di Walter ha questi pullman. Poi per caso ho visto la patente di Mel e mi sono detta che non erano solo coincidenze. C'era un disegno.»

Non riesco a smettere di fissarla con un'espressione che non vedo ma percepisco essere ostile.

«Uffa, non capisci? Tu sai l'inglese, Mel ha la patente di autista, il cugino di Walter ha la Rivierlinea e il ristorante di Mel è convenzionato con i gruppi di giapponesi che vengono in vacanza qui. Sono come i puntini di quel gioco della "Settimana Enigmistica": li unisci e viene fuori il disegno!»

«E nel disegno ci sono anch'io?» domando.

«Certo!» dice Talia. «Se lo facessi io non sarebbe la stessa cosa. Non so neanche in che anno è stata scoperta l'America.»

«Non è difficile, puoi provare ad aprire un libro di storia» dico.

E non sto ironizzando.

«Dài, Francesca. Non ce la faccio da sola. E poi sono soldi!»

«Quanto?»

«Quaranta euro a testa. Per loro è una stupidata.»

«E quante persone sono?»

«Quarantacinque, tutti adulti.»

«Vuoi dire che hai domandato milleottocento euro e loro te li hanno dati?»

«Solo un anticipo, quattrocento. Togliamo qualcosa per il noleggio del pullman, ci fanno un prezzo d'amicizia, sai? Duecento per Mel, poverino, che usa la sua giornata di riposo per fare l'autista, due o trecento li calcolo per la focaccia e la Coca-Cola. Grosso modo ci dividiamo millecinquecento euro per un giorno di lavoro.»

«Stai scherzando, vero?»

Sono lì lì per far rollare le pupille come le biglie del pallottoliere, quando lo vedo entrare.

Lui.

The dentist.

Di scatto abbasso la testa e mi giro di lato.

«Coprimi, c'è il dentista» bisbiglio a Talia.

Talia solleva il menu e me lo piazza davanti al naso. Nel frattempo io inforco gli occhiali scuri.

«Hai di nuovo disdetto l'appuntamento?» chiede Talia, sgranando gli occhi.

«Ho fatto telefonare un paio d'ore fa da una mia cugina tedesca. La scusa era un forte raffreddore» spiego, sempre sottovoce.

«Non sapevo che avessi una cugina tedesca.»

«Non ce l'ho, ero sempre io» dico, realizzando di colpo la totale assurdità della cosa.

A quel punto Talia si mette a ridere.

«Smettila, vuoi attirare l'attenzione?» sibilo.

«Guarda che sta venendo da questa parte. Riempiti la bocca di pasta, così sembri più grassa e non ti riconosce.»

Faccio come dice. E per due minuti me ne sto lì con le guance alla Cip e Ciop, immobile senza masticare. Poi Talia m'informa che s'è seduto dietro di noi.

«Puoi inghiottire, ora» dice, sempre bisbigliando. «Ma mi sa che ti ha riconosciuta. Tiene gli occhi fissi sulla tua schiena.»

Di colpo ho un'idea.

«Fingiamoci straniere... Russe!»

Io e Talia abbiamo fatto un corso di russo qualche anno fa.

«Mi ricordo tre frasi in tutto» protesta lei.

«Anch'io, ma è solo per depistarlo.»

«*Ia gavariù pa russki*» butto lì a voce abbastanza alta.

«*Dai lapu, tavarisc harandasc*» risponde Talia. Più o meno significa: "Dammi la zampa, compagno matita".

«Funziona» bisbiglia lei. «Ha smesso di guardarti con insistenza. Sembra solo perplesso. Forse sa il russo...»

«*A vot i nasci ghieroi!*» esclamo. L'unica frase che ricordo. "Ecco i nostri eroi!"

«Oooh! *Pasgialsta*» risponde Talia gasatissima.

Si sta divertendo, lei!

Non si è accorta delle occhiatacce che ci lancia Uomonero.

«È meglio che ce ne andiamo» dico.

«Ma non l'avevi superata la paura del dentista?» mi chiede Talia, quando siamo fuori.

«Ho avuto la ricaduta.»

«Vabbe'. Allora, ci vediamo domani mattina alle dieci?»

Secondo la teoria taoista la forza di volontà ha sede nei reni.

C'è tutta una serie di esercizi di respirazione da fare per rinforzarli e potenziare il carattere.

Non ho mai avuto abbastanza forza di volontà per farli.

Così sospiro e faccio segno di sì con la testa.

In fondo le sfide ci aiutano a crescere, no?

Passo il pomeriggio a studiare guide, tracciare percorsi, inventare scalette di programmi. Imparo persino una ventina di frasi nipponiche consultando il sito "Teach yourself Japanese!".

Verso sera Sara mi distoglie dai miei studi affannosi, portandomi la prima puntata del *feuilletton* che ha iniziato a scrivere da quando frequenta un corso di scrittura creativa.

«Vorrei un tuo parere» dice.

E mi mette in mano un foglio dattiloscritto.

Uno solo.

«Non hai scritto molto» dico.

«No, è vero» ammette. «Ma sai, l'inizio è la parte più difficile. A dire la verità l'ho riscritto una ventina di volte. Forse trenta, addirittura!»

Lo dichiara soddisfatta, come fosse un record da inserire nel libro dei Guinness, magari tra il carico più pesante sollevato soltanto con la barba e le unghie più lunghe di un essere umano.

(Per la cronaca, rispettivamente 59 chili sollevati da tal Antanas Kontrimas, lituano, e 6 metri e 15 ostentati da Shridhar Chillal, indiano...)

(Ho controllato.)

«Caspita, Sara!» dico imbarazzata.

Mi sento così a disagio quando gli amici mi portano le cose che hanno scritto e mi chiedono un parere lì, su due piedi. Non ho nemmeno il tempo di pensare a qualcosa di carino e impersonale da dire nel caso il pezzo sia spregevole.

«Leggi, dài!» mi dice, e c'è una tale impazienza nella voce che obbedisco.

Speriamo che sia buono.

Dio fa' che sia buono.

La cittadina di Christchurch era stata una delle roccaforti di Alfredo il Grande. Oggi l'attivo centro era dominato dalla bella priora del XII secolo alla quale era legato il mistero del falegname: secondo una leggenda l'edificio sarebbe stato costruito con una trave troppo corta, allungata poi, in una sola notte, da un miracoloso carpentiere...

John Cotton veniva a Christchurch durante il week end per rilassarsi e pescare granchi nella baia della vicina Mudeford. Quella mattina, mentre infilava l'esca nell'amo, John alzò gli occhi e vide qualcuno che passeggiava sulla spiaggia deserta. Era una donna giovane. La brezza del mare agitava i lunghi capelli ramati e scompigliava le frange dello scialle pervinca ch'ella portava avvolto intorno alle spalle. Gli occhi di lei brillavano di una luce inusuale, quasi che una fiamma interiore, chiarissima e pura, ardesse nel suo intimo e sprigionasse bagliori attraverso la sua persona. Per John vederla e palpitare d'amore fu un tutt'uno. Scosso da un fremito, si punse un dito con l'amo e un fiotto di sangue prese a scorrergli sulle dita. La vista del sangue, in quel momento di forti emozioni, gli fece presagire eventi funesti. Un'ombra passò sul viso di John Cotton. La donna l'aveva ormai raggiunto e rallentava il passo, come se avesse avuto intenzione di fermarsi e scambiare due parole.

«Si è fatto male?» chiese lei, aggrottando la bella fronte.

Aveva una voce dolcissima, che ricordava a John il sapore del miele.

«Non è nulla» rispose John, affrettandosi ad avvolgere il dito in un fazzoletto che portava nel taschino della giacca di tweed regalatagli dalla madre per il suo trentesimo compleanno.

«È meraviglioso qui» disse la donna, voltandosi a guardare il mare e inspirando l'aria salmastra con un brivido di piacere.

«Sì, è molto bello» disse lui, detestandosi per la confusione del suo animo e l'incapacità di esprimere parole adeguate per commentare lo splendore di quel mattino.

«Cosa pesca?» chiese lei, voltandosi d'un tratto a guardarlo con capricciosa curiosità di bambina.

«Granchi» rispose lui, vergognandosi di non poter vantare un rapporto con animali di rango superiore. "Ella adesso mi assocerà ai granchi," pensò John d'istinto "a pavidi crostacei dall'addome molle. Oh quanto meglio sarebbe stato poter rispondere 'Rinoceronti!'."

Ma la donna in realtà non indugiava su tali riflessioni. Piuttosto il suo bel viso si era rabbuiato al pensiero della morte.

«E non la turba l'idea di violare la vita di una povera creatura?» gli chiese, imbronciata.

«A dire il vero no» rispose John, rianimato all'idea di una conversazione su quello che era uno dei suoi temi preferiti. «Si turba forse il leone che sbrana l'agnello?» domandò, associando automaticamente se stesso al fiero dominatore della savana.

«Comunque è piuttosto palloso» aggiunse John, dopo un po'.

Ella lo guardò. Alto, abbronzato, ben fatto e vestito con eleganza persino lì, sulla spiaggia. L'uomo sprigionava un'aura magnetica che la incantò. "Speriamo che non debba soffrire a causa sua" si disse, stupendosi di quella riflessione immotivata. In fondo nemmeno lo conosceva.

Allora tese una mano dalle fattezze minute e disse: «Mi chiamo Linda Rosslare».

Lui la strinse e la tenne qualche secondo di più del necessario nella sua, virile e forte.

«John Cotton» rispose.

E quel nome a lei parve il più regale che potesse esistere.

«John» ripeté quasi in trance. «Un nome da re!»

(continua)

Giunta alla fine continuo a fissare il foglio, fingendo ancora di leggere.

Non so quanto potrò stare qui, così, col foglio tra le mani e l'espressione assorta. Devo dire qualcosa.

Dio, almeno mettimi in bocca parole adatte!

«Caspita, Sara!» dico di nuovo.

(Un'esclamazione mai usata prima d'ora, di cui sto iniziando ad abusare.)

«Chi ti ha ispirato questa storia?» chiedo poi con un tono fintamente interessato.

«Forte, no?» dice lei, sorridendo felice come se le avessi chiesto l'autografo.

«Parli di Christchurch nel Dorset? Ci sei stata?» chiedo tanto per dire qualcosa. Non che la conosca, ma alle medie eravamo gemellati con una scuola di quella città.

«No, non ci sono stata, ma ho letto qualcosa su un libro. Anzi il pezzo iniziale è copiato di sana pianta dalla guida» dichiara con disarmante candore.

«Be', in effetti te lo volevo suggerire, c'è un po', come dire, uno stacco tra la presentazione del villaggio e l'inizio vero del racconto.»

«Oh... allora forse dovrei toglierlo?» chiede, preoccupata.

«Non saprei, forse sarebbe meglio. Senza contare che il plagio non è etico.»

«Okay, lo levo. Tanto ce l'avevo infilato solo per allungare» dice Sara. «Sai, domani leggiamo i nostri elaborati ad alta voce. Secondo te va bene?»

E se mi gettassi per terra e facessi finta di essere svenuta?

Una volta a scuola l'ho fatto. Proprio prima che la prof di chimica iniziasse a interrogare. Ho schivato un votaccio, ma credo che la prof non se la sia bevuta.

Cosa posso dire?

«C'è quel "palloso"...» esito.

«L'hai notato subito!» dice Sara.

«Si fa notare» dico. Risatina forzata. «Non è un po' fuori dal contesto?»

«C'è l'ambiguità del termine» spiega Sara. «Tu hai pensato a qualcosa di noioso, ma in realtà una seconda lettura può richiamare alla mente un'immagine diversa, più legata a John, che alla sua attività.»

Una seconda lettura? Non vorrà mica che lo legga di nuovo!

«E cioè?» chiedo.

«Be', palloso in fondo deriva da "palle", no? Un uomo con le palle, ecco a cosa allude l'aggettivo.»

«Oh! Non ci avevo riflettuto.»

«Senti,» chiede poi «cosa s'intende esattamente per plagio?»

«Roba scopiazzata, presa qua e là da altri libri.»

«Sì? Be', in parte mi sono ispirata a Lawrence» dice.

«Lawrence? Quello delle censure?»

«L'hanno censurato? E perché mai? Scrive in modo così educato.»

«Se ricordo bene ai suoi tempi l'hanno fatto a pezzi. Hai copiato da lui?»

«No, ma ho usato un po' dei suoi vocaboli, e forse l'idea della luce che illumina lei dall'interno.»

Taccio.

«Be', ma è solo esercizio creativo, no? Non devo pubblicare questa roba, quindi non ho fatto nulla di male, no? In fondo vado al corso per passare il tempo e divertirmi. Per me scrivere è solo un passatempo.»

Dio, grazie, che sollievo! Lo sapevo che mi avresti aiutata.

«Sara?»

«Sì?»

Prima che se ne vada mi deve spiegare una cosa.

«Per curiosità, perché proprio Lawrence?»

«Ho pescato un libro a occhi chiusi dal carrello delle restituzioni» dice lei, alzando le spalle.

Ovvio.

«Be', ora devo andare. Comunque non mi hai detto cosa ne pensi esattamente.»

E così conio la nuova frase da mille occasioni.

«Be', sai, per certi versi... la letteratura è... insondabile.»

La guardo negli occhi per vedere come interpreta.

Sara sorride e annuisce.

«Certo, è verissimo» dice.

E se ne va tutta contenta.

Nel frattempo è arrivata l'ora di andare a letto e io non ho nemmeno cenato.

E devo ancora scegliere i cd per i giapponesi, preparare lo zaino con medicine da viaggio, libri, vestiti di scorta... Che altro? Be', cominciamo coi cd, un po' di buona musica di sottofondo allieterà il nostro viaggio. Sì, sono sicura che andrà tutto bene: musica, carrugi, Colombo, Mazzini, Garibaldi.

E magari i krapfen con la panna che fanno in via Venti settembre? Non sono tipici ma danno tanta gioia.

Perché no?

Mi sono ripromessa di narrare in maniera oggettiva ciò che accadde.

Senza enfatizzare.

Senza anteporre il mio personalissimo punto di vista.

Senza illustrare nel dettaglio la gamma dei miei stati d'animo.

(Non avete idea di quante emozioni possano esistere solo nel ventaglio che va da "inquieta" a "spossata").

(E comunque sono passaggi in discesa, a volte tortuosi, altre volte a caduta libera, come sulle montagne russe.)

In fondo sono una giornalista.

Essere obiettiva è il mio lavoro, no?

Per meglio rendere l'idea, d'ora in avanti userò la narrazione in terza persona.

Riferendomi a me stessa come a "ella", a Mel come a "egli", ai giapponesi come a "essi" e a Talia come a "quella là".

Un giorno particolarmente afoso d'inizio estate, Francesca Soprani, di anni trentacinque, professione scribacchina, si trovava in un piazzale poco distante dal centro della sua cittadina, in attesa di un gruppo di giapponesi che avrebbe dovuto accompagnare in visita alla città di Genova.

Il pullman, non proprio di recente immatricolazione, ma comunque di dignitoso aspetto, attendeva con lei, emanando una mitezza bovina.

Alla guida sedeva la controfigura di Mel Gibson, tal Ruperto Saldini, di anni 28, professione cameriere, autista a strappatempo.

Il cellulare di Francesca squillò... Era quella là. *La informava che passando in macchina di fronte al ristorante in cui egli lavorava, aveva notato essi in attesa. Ella ed egli dovevano subito recarsi con il mezzo davanti al risto-*

rante. C'era stato un misunderstanding, *disse* quella là, *un malinteso. Capiva* ella?

Basta, non ho voglia di essere obiettiva.

E poi mi sono stufata di ciò che è *correct*. Essere corretti è un concetto che implica ipocrisia.

«Va bene, arriviamo subito!» dico.

Salgo e spiego a Mel il cambiamento di programma.

Lui è assorto nella lettura del "Manuale di istruzioni per la guida del pullman". Il modo in cui posa il libretto sul piano di fronte a lui, facendo un'orecchia alla pagina per tenere il segno, mi procura un briciolino di disagio. Disagio umido.

(Che potrei definire "sudore" se non avessi scoperto che per il galateo "*solo le bestie sudano, gli uomini traspirano, le donne s'imperlano...*")

Come mi succede spesso quando sono agitata, inizio a pormi domande.

Dio esiste?

E se sì, ogni quanti secondi si volta a guardare da questa parte?

E se nel momento in cui lui si volta, io mi sono già spostata dall'altro lato?

«Mica è facile arrivare là con questo coso» dice Mel, interrompendo le mie meditazioni teologiche.

Poi gira la chiave e il motore si mette in moto, rombando.

Ci muoviamo. E io mi sento una briciolina in colpa per non aver avuto fiducia in questo bravo ragazzo che con la sua poderosa muscolatura di braccia inizia a far ruotare il volante.

«Ma non c'è servosterzo?» chiedo, vedendolo contrarre la mascella per lo sforzo.

Mel fa segno di no con la testa.

Penso allo svincolo autostradale di Genova Nervi e il disagio si solidifica: grosse perle incastonate tra loro a mo' di pesante aureola intorno al mio capo.

«Vai piano, mi raccomando» dico con un filo di voce.

Dopo pochi minuti abbiamo raggiunto Talia e il gruppo. Sventolano le braccia e hanno l'aria contenta.

Mel accosta e io scendo.

«*Hi*» dico a voce alta, per farmi sentire da tutti. «*My name is Francesca, I'm your guide. Please, get on...*»

Quando sono tutti sistemati spiego in un inglese un po' affannato cosa vedremo, cosa faremo e alla fine chiedo se ci sono domande.

«Grazie, è tutto chiarissimo» dice in italiano un signore seduto nei primi posti.

«Allora, lei parla la mia lingua?» domando, un po' sollevata.

Il tipo fa segno di sì con la testa e si presenta.

«Mi chiamo Junichiro. In Giappone insegno italiano.»

«Junichiro, come Tanizaki, lo scrittore» dico, piena di entusiasmo, come se il fatto di avere lo stesso nome di battesimo di un autore famoso fosse un merito letterario.

«Ci sono altri qui che parlano italiano?» chiedo poi, guardandomi attorno.

Quasi tutti i presenti annuiscono.

«Questo viaggio è stato organizzato dall'Istituto di Studi Occidentali in cui lavoriamo e studiamo. Molti di noi imparano italiano» spiega la donna seduta accanto a Junichiro.

«Perché non me l'avete detto subito?» chiedo, sentendomi un po' idiota.

«Lei non ha chiesto» dice Junichiro.

Qualcuno ride.

«È uno scherzo che sempre riuscire» dice una ragazza giovane con i capelli tagliati cortissimi.

Sono obbligata a ridere anch'io.

«Mi vendicherò» prometto.

Poi prendo il microfono e rileggo in italiano la scaletta delle cose che faremo. Nel frattempo sbircio Mel. Sembra abbastanza tranquillo e viaggia sicuro ma non si è accorto che la porta anteriore è chiusa male.

«Puoi chiudere meglio la porta?» gli chiedo.

«Niente da fare» risponde Mel. «È bloccata.»

«Ma che cavolo di pullman ci ha dato il cugino di Walter?» domando a Talia.

«Boh! Per il prezzo amicizia era disponibile solo questo.»

«Io non credo che si possa viaggiare in autostrada con una porta chiusa male» dico.

«Sul codice della strada non è specificato» risponde Mel.

«Smettila, Francesca. Così li fai preoccupare» dice Talia a bassa voce.

Forse Talia ha ragione.

«Okay, adesso mettiamo un po' di musica!» propongo con un tono di voce molto squillante e un sorrisone di convenienza. «Vediamo un po' cosa abbiamo qui... Bob Marley? Cosa ne dite, vi piace il reggae?»

Qualcuno fa segno di sì con la testa. Ma secondo me sono quelli che non sanno l'italiano e non hanno capito.

«Conoscete gli Smiths? Io ne vado furibonda» dico, piena di entusiasmo.

Nessuno però sembra condividere la mia passione per Morrisey.

«I Genesis?» chiedo, sollevando il cd di *Selling England by the Pound*.

Silenzio.

«David Sylvian?»

L'unica a fare segno di sì è Talia.

«È così carino» dice.

Vabbe', passiamo oltre.

«Qui ho anche i Good Charlotte, i Finn Brothers e Mando Diao. Oppure Etta James... Avete presente quella che cantava *Something told me it was over...*»

I giapponesi battono le mani e fanno segno di sì.

Etta James, quindi? Ma tu guarda!

Faccio per inserire il cd, ma la ragazza giovane mi chiama.

«Non cd» dice. «Tu canta, Francesca. Karaoke.»

«Karaoke?» chiedo, con un principio di grinze sul sorriso di convenienza.

«Forte il karaoke!» grida Talia. «Inizio io. Adesso vi insegno una canzone in dialetto genovese. Conoscete *Trilli Trilli*?»

Gli interpreti traducono e tutti i giapponesi sembrano felicissimi di questo inatteso spettacolino *on the road*.

Sono solo le dieci e un quarto e i nervi del mio collo sono già cavetti d'acciaio.

Come si fa a proporre una canzone dialettale sconcia a un gruppo di turisti che conosci da venti minuti?

«Allora,» dice Talia «io e Francesca cantiamo qualche parola e voi ripetete. Va bene?»

I giapponesi fanno segno di sì e Talia si lancia.

«Uno, due, tre... *T'ho dito che t'a prepari...*»

«*Toditokatapepari*» ripetono i giapponesi in coro.

«*...o stocchefisce e bacilli...*»

«*...ostokkefissebacì...*»

Ma Talia non è soddisfatta.

«No! Non con quel tono!» li sgrida. «Adesso ve ne state zitti e ascoltate me e Francesca. Poi noi vi scriviamo le parole su dei foglietti e le cantiamo insieme, va bene?»

«Forse non dovresti gridare così» dico a Talia.

«Non ti preoccupare, sono contentissimi! Guardali!»

Sì, direi di sì. E così il lavoro della guida è questo? Cantare a squarciagola ibridi musicali, a metà tra musica folk e barzellette sporche?

Io e Talia scriviamo più volte il ritornello della canzone.

«E se ci chiedono la traduzione?»

«Temporeggiamo» mi risponde Talia.

E alza le spalle con la sua solita, sana indifferenza a tutto ciò che può accadere in questa e in altre galassie.

Così consegniamo i foglietti ai nostri compagni di viaggio.

Questa fase dell'operazione è molto rumorosa. I giapponesi si alzano in piedi, parlottano fra loro, chiedono a quelli che sanno l'italiano di tradurre in giapponese.

«Ascoltate un momento...» dico gentilmente al microfono.

Ma nessuno mi presta la minima attenzione.

Talia mi strappa il microfono dalle mani.

«Silenzio!» grida. «Non si capisce un accidente!»

Di colpo i giapponesi tacciono e tornano a sedersi. Bello.

Come piacerebbe anche a me avere questo tipo di fermezza nell'impormi.

«Adesso si canta» ordina Talia.

E di nuovo sfodera un sorriso di simpatia, passando dalla fase arcigna a quella tenera in modo quasi schizofrenico.

Così mentre Mel imbocca un po' troppo velocemente lo svincolo di Genova Nervi e io sento i pori della cute dilatarsi dalla paura, tutti insieme attacchiamo a gorgheggiare:

O trilli trilli trilli t'ae ciu musse che mandilli
mandilli no ti n'ae, t'ae ciu musse che dinae
o gnao gnao gnao m'ou belin comme t'é cao
*e futto futto futto m'ou belin come t'è brutto...**

Fin qui potremmo dire che le cose erano andate discretamente bene.

Non sono sicura di dover fare il resoconto di tutto il resto.

Perché non guardare solo il lato bello di ciò che accade?

Perché, per esempio, perder tempo a spiegare che Mel, poverino, ha dovuto continuare a guidare per Genova per tutto il giorno, anche dopo che noi eravamo scesi, perché non aveva un posto dove parcheggiare?

Che senso avrebbe ormai raccontare che il centro storico era intasato da un corteo di pacifisti e che raggiungere la casa di Colombo non è stato possibile, e che quindi per far ammirare ai miei protetti il giardinetto del navigatore genovese dalle finestre di un palazzo vicino, ho dovuto corrompere la donna delle pulizie offrendole denaro?

I krapfen erano buoni.

Ecco cosa dirò a chi me lo chiederà.

La focaccia deliziosa.

La mostra di Rubens a Palazzo Ducale un successone.

Per non parlare delle aiuole con i fiori a caravella!

* In italiano suona più o meno:

Trilli, trilli, trilli hai più musse che fazzoletti / Fazzoletti non ne hai, hai più musse che soldi / Gnao, gnao gnao ma belin come sei caro / e futto, futto futto ma belin come sei brutto.

Il vero significato di *musse* e *belin* lo lasciamo alla fantasia del lettore. [N.d.A.]

Tutti hanno voluto farsi scattare almeno una foto a testa insieme agli svariati compagni di viaggio.

(Una serie di combinazioni superiore a quella prevista dal gioco della roulette.)

Sette ore e mezza di fotografie dopo, ci siamo ricatapultati sul pullman.

Ne siamo ridiscesi dopo soli tre minuti, quando dal motore ha iniziato a uscire un fumo denso e scuro.

Il motore era mezzo morto.

«Mel, tesoro, hai controllato l'acqua?» ha cinguettato Talia.

«No» ho ruggito io con la voce dell'orco cattivo. «Il tuo "tessoro" non ha controllato proprio un bel niente!»

E ho pronunciato "tessoro" con due s, come Gollum nel *Signore degli Anelli.* Probabilmente dovevo avere anche la sua stessa espressione perché Talia non ha osato replicare.

Il mio sorriso di convenienza ormai si era trasformato in un ghigno grottesco a gengive scoperte.

«Tu vai dal meccanico con Ruperto» ho detto, sempre col ghigno. «Io e il mio plotone andiamo in stazione, se ricordo bene c'è un treno che parte alle sei.»

Poi con quelle due once di energia che mi erano rimaste ho incitato: «Dobbiamo andare in stazione. Il nostro treno parte tra otto minuti, cercate di starmi dietro, ci dobbiamo sbrigare».

Eravamo in piazza De Ferrari, lato Carlo Felice.

«Da questa parte» ho ripetuto.

Ci siamo mossi in massa. Una specie di esodo.

Ma i giapponesi non ne volevano sapere di correre. Desideravano guardare con calma le vetrine di via Venti settembre e mangiare un gelato italiano.

Così ci siamo messi in coda in una nota gelateria genovese. Dopo venticinque minuti ho potuto andare alla cassa a pagare il conto (40 cialde, 17 bicchieri di minerale e 12 caffè).

Ed è stato in quel momento che mi sono sentita chiamare.

Non in un giorno in cui seduta su uno scoglio in riva al mare, venivo illuminata da una luce particolare del tramonto che mi faceva sembrare una sirena...

No.

Lì.

Stanca, coi cavetti d'acciaio che tiravano e tutta la forza di gravità della terra concentrata sotto i talloni.

«Francesca!»

Seduto a un tavolo, con una coppia di mezza età e una giovanotta dalla chioma rossa e fluente c'era Giovanni.

Appena mi ha riconosciuto si è alzato e ha voluto presentarmi ai suoi genitori e alla fanciulla.

Monica.

(Tailleur, tacchi a spillo, reggiseno con coppe a piramide molto aggressive, labbra rifatte atteggiate a piccolo broncio.)

Mentre le stringevo la mano le ho sorriso con aria lieta, ma avrei tanto voluto salirle sulle scarpette con i rollerblades.

«Ah, lei è Francesca!» ha detto il padre. «Finalmente ci conosciamo.»

«Si sieda con noi» ha detto la madre.

«Non posso» ho spiegato. «Sono con degli amici.»

E ho indicato il gruppo con indifferenza, come se fosse la cosa più normale della terra venire a Genova a bere il caffè con quarantacinque giapponesi.

Giovanni si è voltato a guardare "gli amici" e ha annuito velocemente con l'aria di uno che non vuole sapere di più.

«Ti chiamo stasera» mi ha detto prima che uscissi.

Penso che abbia paura di me.
Di ciò che posso fare e dire.
Per questo mi fa poche domande.
Ma torniamo ai millecinquecento euro che io e Talia dovevamo dividerci.
Dopo aver pagato il biglietto del treno al gruppo e alla sottoscritta, aver detratto le spese di benzina e di autostrada, aver decurtato i soldi per la donna delle pulizie, la paga di Mel, i costi delle libagioni e il noleggio del pullman a prezzo d'amicizia, quello che rimaneva bastava a malapena a pagare i danni al motore.
Avevo lavorato un giorno intero, avevo rischiato la vita in autostrada, ero stata vista sul treno insieme a un'orda di samurai che cantava *Trilli Trilli* con un accento che sottolineava fortemente le oscenità del testo, senza aver guadagnato mezzo centesimo!
Per settimane ho continuato a ricevere lettere dal paese del Sol Levante.
Lettere con fotografie ricordo della spassosissima gita a Genova.
Si erano divertiti un mondo, *loro*.
Talia non mi ha mai più proposto un lavoro.
Io ho smesso di comprare la «Settimana Enigmistica».

Sono le dieci di sera.
Il telefono squilla.
So che è lui.
«Ciao.»
«Ah, ciao, sei tu?» dico con voce molto allegra.
In realtà sono furiosa.
Cosa ci faceva con tetteapunta? Perché diavolo sedeva in uno dei bar più bazzicati di Genova insieme a mammina, papino e una donna che ostenta seni poliedrici?
«Allora?» chiede curioso.

«Allora cosa? Ah, ti riferisci ai giapponesi... Be', ho fatto la guida per un giorno, niente di particolare.»

«Dev'essere divertente. La prossima volta dimmelo, mi piacerebbe venire.»

«Sei matto? È stato una specie di incubo. Ogni due metri e mezzo ci fermavamo per fotografare, bere, mangiare o comprare souvenir. Ci sono volute quattro ore solo per percorrere il sottopasso di piazza della Vittoria. In più abbiamo fatto il karaoke con *Trilli Trilli* e io ho dovuto tradurre il testo dal genovese all'italiano. È stato così imbarazzante dover rendere "belin" con "organo genitale maschile" per un migliaio di volte.»

Giovanni ride.

Ha un modo di ridere così seducente.

Come mai non me n'ero accorta prima?

Vuoi vedere che per far colpo sta usando la risata di qualcun altro registrata su nastro?

«Bella risata» gli dico. «Ridi un po' di nuovo.»

«Perché?»

«Magari non è la tua, magari stai usando una registrazione per accalappiarmi. Fammi risentire, dài...»

«Sono io, lo giuro» dice divertito. «E poi ti ho già accalappiata.»

Ce ne stiamo qui a scherzare, ma io mi sento agitata.

Chi era lei?

«Non sei rimasto con i tuoi e la tua amica marziana?» chiedo con tono indifferente.

«Chi, Monica? No, doveva tornare a Como. È una nostra collaboratrice. Perché "marziana"?»

«Mah, così... ho notato che aveva in dotazione un reggiseno alieno, molto appuntito, genere *Star Trek*.»

«Sei gelosa?» chiede Giovanni.

«Ma cosa dici! Figurati... E a cosa collabora? Fantascienza?»

«No, fa un po' di tutto. A proposito, Francesca, le lettere?»

«Oh! Be'... scusa, Giovanni. Te lo volevo dire, non ci riesco. È una pizza quel lavoro.»

«Mi ero accorto che non ti piaceva. Allora non ti spiace se passo l'incarico a qualcun altro.»

«Ma certo!» esclamo con entusiasmo forse eccessivo.

Sta per dire qualcosa, ma s'interrompe.

Esita e fa una specie di sospiro.

Ehi! Non sarà mica di quelli che *si divertono* al telefono?

O magari in camera con lui c'è un'altra!

Monica?

Già la vedo. Gli sta attorcigliando il filo del telefono intorno ai polsi e lo trascina ammanettato verso il letto, minacciando di prenderlo a capezzolate se lui non farà ciò che lei dice...

«Stai dormendo?» chiedo.

«Cosa? No, pensavo... Tu adesso esattamente che lavoro fai, a parte la guida turistica?» chiede.

«Niente» dico e mi accorgo che la risposta suona come un peccato grave.

Un po' come se avessi detto "sono una brutta fannullona e non ho intenzione di cambiare".

«Comunque sto facendo tentativi qua e là. Sai, tutti non fanno che ripetermi che non ho un lavoro stabile» spiego, sperando che lui mi tranquillizzi.

«Forse pensano che tu sia una persona con delle capacità e non vogliono vederti sprecare risorse in lavoretti precari...»

«Ehi, chi l'ha detto che spreco le mie risorse? In realtà è proprio quello mi piace, il fatto che un lavoro sia precario, che possa cambiare. Pensi davvero che potrei realizzarmi facendo le cose che fanno tutti? Sempre le stesse cose, in modo ripetitivo?»

«Ci sono anche dei vantaggi» dice lui.

«Tipo? Una macchina nuova, ristoranti di lusso e vestiti firmati?»

«Anche.»

«Be', ti sbagli,» dico «io amo la mia vita, e amo scrivere e... odio il lusso, lo trovo eccessivo e volgare. E poi sono affezionatissima alla mia macchina...»

È vero.

È così buona con me. Per una sorta di solidarietà femminile ultimamente continua a viaggiare anche quando la benzina è finita da un pezzo. Si è umanizzata, in pratica.

«E allora perché non scrivi?» chiede.

«Ma chi l'ha detto che non scrivo? Ho già quasi pronto un racconto per te e sono praticamente alla fine del mio libro.»

«Secondo me non dovresti disperdere la tua energia in mille cose strampalate. Concentrati sullo scrivere. Spediscimi una mail col racconto. Ci vediamo dopodomani sera?»

«Sì, d'accordo.»

Poi mi saluta teneramente.

Vorrei tanto farlo contento.

Vado al computer e apro la cartella dei documenti. Poi clicco sul racconto che ho promesso a Giovanni. Due righe.

Aveva piovuto tutta la notte. Glen Grant entrò nel Bar, si tolse lo Scotch e si sedette al banco. In un angolo la tv trasmetteva un vecchio film con Gin Fizz e Alma Cocktail.

Okay, ora provo a continuare.

Glen si voltò a guardare la Cuba seduta al suo fianco. Indossava un vestito Bordeaux, aderente e sembrava si stesse annoiando.

«Ehi, piccola,» le chiese Glen «sei Cola stasera?»
La Cuba sorrise e scosse il capo: «Sono venuta a trovare Pepsi, mia sorella. È la fidanzata di Long John, il proprietario di questo postaccio».
I due Negroni al piano intonarono fra' Martini.
«Come ti chiami?» domandò Glen.
«Coca» disse lei, fissandolo negli occhi.
«Coca,» chiese lui «hai voglia di farti questo Shaker?»
I due si buttarono nella mixer e iniziarono a ballare. Intanto nel locale era entrato Alexander, il ragazzo di Coca.
Alexander la vide, le si avvicinò e prendendola per un braccio tentò di portarla via.
«Lasciami in pace, Bacardo» gridò Cuba.
Alexander le mollò un ceffone.
Glen allora lo agguantò per la camicia e lo spinse contro il muro.
«Non mi piacciono i prepotenti» disse sferrandogli un Punch.
Alexander cadde a terra e Glen tornò al banco.
Pagò il conto e si rinfilò lo Scotch.
«Ci vediamo, piccola» disse a Coca.
«Quando?» chiese lei, col volto rigato di lacrime.
«Presto» rispose mentre usciva.
Fuori dal locale un Bourbon dormiva appoggiato al muro.
Glen gli infilò una banconota nel cappello. Poi salì sulla sua vecchia Heineken e si diresse verso la Champagne.
Aveva smesso di piovere.

Rileggo.
Poi seleziono il tutto e cancello.
Cose senza senso, ecco cosa scrivo.
E se fosse questo il mio ruolo nella vita?
Se fosse il nonsense?
Comunque chi l'ha detto che devo avere un ruolo definito?
Perché sulla carta d'identità dev'essere indicata la professione?
E se ci mettessi "agente segreto"?
Tanto se è segreto...

Ecco qui. Pagina degli annunci, offerte di lavoro. Vediamo cosa c'è.

Ehi, questo sembra interessante!

Cercasi scrittori o aspiranti scrittori per lavoro creativo. Impegno minimo.

Sono curiosa, anche se "impegno minimo" potrebbe essere sinonimo di "paghiamo da schifo". Ora telefono e sento di cosa si tratta.

«Buongiorno, telefono per quell'annuncio...»

«Quando può iniziare?» la voce che risponde ha un vago accento francese.

Santo cielo, è proprio vero che viviamo in un'epoca frenetica. Non c'è tempo nemmeno per formalità essenziali come il saluto.

«Non saprei...» dico.

«M'interessa solo se è libera già da oggi.» Il mio interlocutore parla con un tono impaziente che mi mette un pochino in agitazione.

«Sì, potrei essere libera, ma vorrei prima sapere di cosa si tratta...»

«Lei che esperienza ha?» chiede.

«Ho fatto per un po' di anni la corrispondente di cronaca e scrivo per una rivi...»

«Benissimo» m'interrompe. «Se viene in redazione tra mezz'ora le spiego di che si tratta.»

«Ma io abito in Riviera, mi ci vuole almeno un'ora per venire da lei... e poi devo prepararmi.»

«Allora vengo io. Mi dia l'indirizzo di un bar vicino a casa sua. Tra mezz'ora ce la fa?»

«Sì, certo. Ma...»

Non potrà mai essere qui tra mezz'ora.

«Mi chiamo Giacomo La Croix. Sono magro, non tanto alto, indosso una polo blu e dei jeans.»

«Ho capito» dico. «Io ho i capelli lunghi, indosso

pantaloni neri, ampi, una maglietta rosa, giubbotto di jeans, occhiali da sole...»

«Me lo racconta un'altra volta. Devo partire, si sbrighi, non mi faccia aspettare. Tra mezz'ora, intesi?»

E riaggancia.

Ma chi è? Flash Gordon?

Probabilmente sì perché quando arrivo al bar, mezz'ora dopo, lui è già lì, seduto che aspetta.

«Sono Francesca Soprani» dico.

«Ho ordinato due caffè, così non perdiamo tempo» dice.

Poi inizia a spiegare. La settimana prossima esce il primo numero di un settimanale dedicato solo agli annunci. Devono riempire gli spazi vuoti e hanno bisogno di un "creativo" che inventi inserzioni di ogni tipo per riempire le pagine vuote.

«Essendo la prima volta che usciamo, ovviamente non siamo riusciti a mettere insieme un numero adeguato di annunci veri. Ne mancano un centinaio.»

«Ho capito, ma come faccio per i numeri di telefono? A chi si rivolge la persona interessata all'annuncio?» chiedo.

«Questo è il punto. Lei deve scrivere annunci che non interessino a nessuno. Nessuno deve chiamare.»

«Ma... se qualcuno chiama?»

«Negli annunci che scriverà lei, ci sarà scritto "rivolgersi alla redazione". Se qualcuno chiama ce la vediamo noi. Possiamo dire che l'inserzionista ha ritirato l'annuncio, o che ci ha dato un numero di telefono sbagliato, lei non si preoccupi» dice.

Tenta un sorriso tranquillizzante ma ha troppa fretta e ne vien fuori una specie di tic al labbro superiore.

«E come faccio a scrivere annunci di cose a cui nessuno sia interessato?» chiedo ancora.

Sparo domande a raffica perché ho capito che il tempo a mia disposizione sta per scadere. Tra due minuti Flash sarà già impegnato in un'altra attività agli antipodi di questo bar e io invocherò invano una risposta ai miei perché.

«Non ha mai comprato giornali d'inserzioni?» risponde. «C'è di tutto, roba allucinante, cose assurde. Qui entra in ballo il creativo. Ecco il mio indirizzo di posta elettronica. Accetta?»

«Ma è regolare?»

«Certo. La rivista è mia e pubblico quello che voglio. Se voglio, pubblico anche la foto del sedere di una gallina...»

Sto per dire che mi sembra poco corretto far comprare una rivista con annunci inutili, ma lui mi legge nel pensiero.

«Inoltre il primo numero viene distribuito gratuitamente» dice.

«Non so se riuscirò a farne cento in due giorni» dico.

«Lei faccia quello che può. Domani la chiamo per sapere come se la cava. Questo è il foglio con l'autorizzazione del Tribunale, tanto per farle vedere che il giornale esce davvero. Ha bisogno di un anticipo?»

«No, no... facciamo tutto alla fine.»

«Non esageri sul numero delle righe degli annunci. Gli inserzionisti veri tendono a fare economia di parole, per spendere poco. E mi mandi una mail appena arriva a casa con il suo numero di telefono.»

Poi si alza e se ne va.

Non ha nemmeno bevuto il suo caffè.

Va bene, chiederò aiuto alle mie amiche.

Loro sicuramente sanno quali sono gli annunci a cui nessuno risponderebbe mai.

Così la sera siamo tutte e quattro nel mio salotto. Io leggo le mie inserzioni e loro mi danno un parere.

«Cosa ne dite di "*Cedo dentiera seminuova, completa di pasta fissatrice*"?»

«Io telefonerei subito» risponde Sara, ridendo.

«Che schifo!» dice Ginevra. «Ma come ti vengono certe idee?»

«Oppure "*Vendo bellissima parrucca, capelli mossi. Rare tracce di lendini (morte) solo alla base*".»

«Non saprei» dice Talia. «Le parrucche costano un sacco di soldi, qualcuno potrebbe telefonare...»

«Ma tu sei fuori» dice Ginevra. «Chi compra una parrucca che ha avuto i pidocchi? Metticela, Fra.»

«E se proponessi anche "*Piccolo criceto malato di...* ehi, quanto può vivere al massimo un criceto?»

«Quattro o cinque anni, credo» dice Sara.

«Allora "*Piccolo criceto malato di nove anni cambio con giovane cavallo arabo*". Può andare?»

«Però giovane cavallo arabo sembra un po' una metafora erotica...» dice Ginevra.

«In che senso?» chiedo.

«Be', giovane stallone arabo» dice Ginevra con un sorrisetto, e intanto mi schiaccia l'occhio e lancia una specie di nitrito.

«Mhm... comunque non credo che a nessuno stallone verrebbe voglia di spassarsela con un criceto malato di nove anni.»

«Ehi, facciamo attenzione coi nove anni!» dice Sara. «Qualcuno potrebbe equivocare, potrebbero pensare che sia l'annuncio di un pedofilo.»

«Allora scrivo "*criceto malato di diciannove anni*", va bene così?» chiedo.

«E qui direi che torni sull'erotico» dice Ginevra. «I criceti sono un po' dei topi, no? Tra le righe si può leggere “Topina diciannovenne malata di desiderio scambierebbe favori con giovane stallone arabo”...»

«Dici?» chiedo stupita.

Perché queste cose non me le hanno mai dette?

«E come si fa a leggere tra le righe degli annunci?» chiedo.

«Non so» dice Sara. «Io per esempio sino a un po' di anni fa ho creduto che le massaggiatrici facessero veramente i massaggi. Poi una volta ho telefonato e la tizia che mi ha risposto ha detto che non era dell'altra sponda, che lei lo faceva solo con gli uomini e allora ho capito. È stato così umiliante. E la cosa strana è che la donna aveva la voce da uomo.»

«Dio, Sara! Sul serio hai telefonato?» chiedo, ridendo.

«Ehi, perché non lo mettiamo davvero un annuncio in cui chiediamo di un giovane stallone arabo?» dice Talia. «Gli diamo appuntamento in un luogo pubblico, ci andiamo tutte e quattro e portiamo un criceto in una gabbia. Quando lui arriva e si fa avanti baldanzoso, gli chiediamo dov'è il cavallo.»

«Sarebbe divertente» dice Ginevra. «Ma metti che lui arrivi veramente col cavallo? Supponiamo che si porti dietro un cavallo arabo, ce lo consegni e si prenda il criceto. Cosa ce ne facciamo poi del cavallo?»

Mentre loro chiacchierano di cavalli, io continuo il mio lavoro.

Vendo set seminuovo per due di tazzine caffè (solo una mancante.)

Cedo vecchi materassi in cambio di nuovi.

Cambio lenzuola sporche una volta alla settimana. No perditempo.

Cerco persona disposta a lavare scale di condominio in cambio di amicizia.

Cambio mio annuncio pubblicitario con quello di altro inserzionista purché serio.

Esaltata dalla facilità con cui sforno assurdità mi lancio pure coi trafiletti pubblicitari.

Calvo in mezz'ora? Non è più impossibile col nuovo sistema brevettato Kaustik! Budino in omaggio a chi acquista due confezioni di prodotto.

E anche:

Strepitoso! Indossa anche tu lo spappocchia seno novità! Avrai mammelle flosce e assimetriche in soli tre giorni.

Alla fine della serata ne ho fatti una cinquantina.

In compenso non ho nulla di pronto per Giovanni.

Potrei dirgli che il mio computer ha preso un virus terribile e i documenti sono andati distrutti.

No, non voglio mentirgli, devo essere sincera con lui.

Così mi giro verso le mie amiche e chiedo: «Ehi, sapete mica come si fa a mandare un virus al computer?».

Lo sapevo che avremmo litigato.

Alla fine gli ho detto la verità.

Che ho perso tempo col lavoro delle inserzioni e che non ho finito il suo racconto.

«Mi spieghi perché ti occupi di mille cose tranne che di quella che ti ho chiesto io?» chiede, con gli occhi che mandano lampi di furia.

È persino più bello del solito, così, con lo sguardo feroce.

«Non so» dico.

In realtà so benissimo.

«Forse ho paura del tuo giudizio» bisbiglio.

Lui sospira e di colpo sembra calmarsi.

«Te l'ho proposto io il lavoro, no? Non l'avrei fatto se pensassi che non sei in grado. Hai bisogno di essere rassicurata? E va bene, è facile. Mi piace tutto quello che fai» dice. «Mi piacciono i tuoi assurdi sacchetti della spesa, i messaggi che mi mandi, le cose che dici, mi sono piaciuti persino i tuoi alberelli nelle scarpe. Perché non mi dovrebbe piacere il tuo racconto? E se così fosse, tu comunque continueresti a piacermi.»

Forse era quello che volevo sentirmi dire.

«Dammi ancora un pochino di tempo» dico dispiaciuta.

«Va bene.»

Poi ci affaccendiamo in tutt'altre faccende, per dirla come il Giusti. E quando se ne va mi sento piena di idee, fiumi di parole che scorrono.

O paladino, verserò fiumi d'inchiostro Hewlett Packard per te!

Sennonché l'ispirazione, adesso, è tutta per il libro che sto scrivendo.

È la mia priorità.

Le muse mi spingono a farlo.

Dopo aver scritto per due ore, mi sdraio sul divano e mi concedo la cassetta di uno dei miei film preferiti. *L'ultimo dei mohicani*, con Daniel Day Lewis. L'ho visto solo una dozzina di volte, tanto da imparare a memoria la sequenza di ogni scena, anche se, lo ammetto, guardo il film quasi unicamente per i dieci minuti finali.

La domanda da un milione di euro è: perché se mi piacciono i racconti intensi, le immagini poetiche e le storie piene di sentimento, io continuo impeterrita sulla via dell'assurdo?

Perché non ho scritto poesie come *Febbraio*, di Boris Pasternack?

O romanzi come *Il dio delle piccole cose* di Arundhati

Roy. O *Tess of the d'Urbervilles*, di Thomas Hardy. O magari *La giocatrice di Go*, di Shan Sa.

Certo, io li avrei modificati un pochino.

Avrei messo il lieto fine a tutti.

Così nessuno avrebbe pianto nel leggerli.

Caro diario,
ho trovato. Scriverò la mia autobiografia.

Se la gente compra libri come Le carpe, L'ibridazione degli uccelli, I cactus e le altre piante grasse, *perché io non dovrei costituire un argomento d'interesse?*

Una volta ho letto un consiglio dato a un'autrice: «Scrivi di cose che conosci bene». Giustissimo!

(Mi pare fosse in Piccole Donne. *Il consiglio era per Jo March, la mia piccola donna preferita.)*

Dopo aver passato il pomeriggio a riflettere, in effetti ho capito che non c'è niente che io conosca bene.

È per questo che ho deciso di scrivere di me. Per cominciare ho una mezza idea di come sono fatta (anche se non rivolgo mai molta attenzione alla parte che mi sta dietro e distolgo in fretta lo sguardo dai miei piedi). Inoltre sono la fonte più autorevole in fatto di me stessa, escluse le analisi del sangue, l'ecografia e tutta quella roba lì.

Ora mando un messaggio a Giovanni e glielo propongo.

Ho appena mandato un messaggio a Giovanni.

Che ne dici della
mia biografia?
Ciao, F.

La biografia è un genere serio, no? Dovrebbe piacergli.

Scusa, ma a che pro?
G.

Come sarebbe a dire?

Perché la carpa sì e io no?

Certi uomini sono proprio privi di tatto! Poteva almeno dire che in questo periodo le biografie non tirano molto.

Hai solo 35 anni.
Non pensi che sarebbe un po'
prematura una biografia?
Comunque non ti riferisci
a una carpa in particolare, vero?
Immagino che tu alluda alla
specie.

Una carpa in particolare? Sì... be', forse ha ragione.

Ok, allora farò un libro dedicato
alle donne della mia "specie".
E comunque ci sono un sacco di
cose nella mia vita, sai?
Non è che ho passato tutto il mio
tempo a mandare messaggini.

Vediamo adesso che scusa trova per dirmi di lasciar perdere...

Non ne dubito.
Fammelo leggere appena
lo finisci...se mai lo finirai.

Ma tu guarda! Gli telefono e gliene dico quattro.

«Uomo di poca fede, rompipalle, scocciapopoli, str... Inizio subito a scrivere, così ti faccio vedere che se voglio tiro fuori persino *I fratelli Karamazov*.»

«No, quello no, ti prego. Non sono mai riuscito a leggere più di venti pagine nemmeno dell'originale... Fammi un sunto della tua vita, dài.»

«Be'... potrei raccontare di quella volta che lo zio della mia vicina di casa mi ha chiesto se poteva usare un pezzetto del giardino per coltivare pianticelle, e poi ha messo su una coltivazione di marijuana e la polizia è venuta a casa mia.»

«Non ci credo...»

«È stato penoso, credimi... Ho dovuto dire a chi avevo affittato il giardino. Poi quell'ometto mi ha raccontato una storia tristissima, di Alzheimer precoce. Insomma, mi ha detto che il fumo previene l'Alzheimer e io l'ho perdonato... Sino a che una sera un ragazzo mi ha suonato alla porta per chiedermi se ero io che vendevo la roba... Era un cliente del vecchio, capisci? Mi ha spiegato che il mio protetto si spinellava alla grande, che era sanissimo e da loro era conosciuto come l'uomo di Mary.»

«Dove Mary sta per marijuana, immagino.»

«Sì, ma io non l'ho capito subito. Insomma il mio giardino era diventato zona di smistamento erba. Ora che ci penso... è stato in quel periodo che mi hanno rubato il cancello... Forse quest'episodio è meglio saltarlo. Non è che io ci faccia proprio una bella figura... Vabbe', allora racconto di quando ho fatto la commessa al panificio. Avevo solo sedici anni ed ero carina, sai?»

«Non lo metto in dubbio, sei carina anche adesso.»

«Grazie, ma adesso sono carina con lo sguardo preoccupato per via dell'età che incombe. A sedici anni invece avevo ancora l'aria di una tipa beata e piena di aspettative... Mi facevano portare un grembiulino azzurro e una cuffietta bianca. Una volta è entrato un ragazzo che mi piaceva e non ero ancora riuscita a conoscere. Toccava a me servirlo. Ero così agitata che gli ho dato il sacchetto con la focaccia di un altro cliente, anziché il suo pane. Poi lui si è accorto dell'errore ed è tornato indietro. "Allora ti rendo pan per focaccia!" gli ho detto con una risata sciocca, tanto per fare un po' la spiritosa. Lui mi ha guardato allibito ed è praticamente fuggito dal negozio. Be', mi è passata di colpo la cotta.

Perché se uno non ha il senso dell'umorismo non può proprio piacermi.»

«Quindi i miei rivali diretti sono Woody Allen e Antonio Albanese?»

«Esatto. Ma anche Aldo, Giovanni e Giacomo. Insomma questa cosa però in una biografia non è che ce la metterei. Come dici tu, a che pro? Forse dovrò inventarmi particolari nuovi. E se dicessi di avere incontrato Tolkien? Se mi inventassi che frequentavo quel pub di Oxford, "The Eagle and Child"? Sfaterei una volta per tutte l'ipotesi che *Il Signore degli Anelli* abbia una connotazione politica... Potrei inventarmi un dialogo come fanno certi biografi che parlano della loro grande amicizia con Tizio, Caio e Sempronio, soltanto dopo che i suddetti sono morti.»

«Non ti ci vedo, sei un tipo onesto.»

«Vero.»

«Inoltre Tolkien è morto negli anni Settanta e se non mi hai mentito sull'età all'epoca tu eri una bambina...»

«Allora sarà qualcosa di filosofico, eziologico, psicoetico, tipo "Le mie confessioni al mondo"... *Ebbene sì. Ho paura della morte. E perché poi dobbiamo chiamarla "miglior vita"? Qualcuno di noi è stato laggiù ed è tornato per fare un resoconto? E se sì, chi ci dice che non fosse uno zombie dispettoso?*»

Giovanni ride e io di colpo metto a fuoco.

«L'hai fatto apposta, vero?»

«Cosa?»

«Lo sai benissimo. Farmi parlare di me, per demolirmi un pezzo alla volta.»

«Ma non è vero niente.»

«Sì che è vero. Be', ti saluto. Vado a raccogliere le mie idee.»

«Raccogli me, sono la tua idea migliore.»
«Tu non sei un'idea» dico. «Sei un chiodo fisso...»
«A proposito Francesca...»
«Sì?»
«Non hai dimenticato che abbiamo la cena?»
Dimenticato?
La parola da usare semmai è *oblio.*
«No, no, no...» mi affretto a dire. «E a che ora passi a prendermi?»
«Alle sette e mezza. Ciao.»
Poso il telefono e inizio a muovermi per la casa a grandi balzi. Una specie di Lu Xiang nella finale dei 110 ostacoli.
Doccia... capelli... phon... dove sono gli asciugamani?... oddio... perché questo ciuffo mi resta girato in fuori... spruzzata di lacca... biancheria pulita... cose da mettermi... guarda che unghie! sei strati di vecchio smalto sovrapposti! Presto l'acetone, la limetta... che ore sono?... calmati... sei quasi pronta... sette e venti.
Mi osservo allo specchio con aria critica.
Il vestito attillato non mi segnerà i fianchi? Se tengo le braccia ai lati del corpo, appena sovrapposte... ma sì, può andare... il vestito mi sta bene... il trucco non sarà pesante? Ho scelto un look dark alla Nina Hagen, con generose dosi di rossetto viola e ombretto nero sulle palpebre.
Sette e quaranta.
Sono seduta sul divano tutta impettita e Giovanni ancora non si vede.
Meno male che lui è quello puntuale!
Sette e cinquanta.
Se l'avessi saputo non mi sarei affannata tanto...
Otto e cinque.

Forse è meglio telefonare.
«Dove sei?»
«A casa.»
«Ma... ma scusa, la cena?»
«Ho cenato qui, perché?»
Lampo di immaginazione.
«No, dicevo, la cena con quei tuoi amici...»
«Sì, domani sera.»
«Appunto! Ho telefonato per dirti di non dimenticartene!»
«No, figurati. Grazie, comunque. Ci vediamo domani.»

Devo comprare un mastino. Brutto bruttissimo, con molta bava alla bocca.
Qual è l'obiettivo della vostra vita?
No, non rispondete cose tipo "diventare miliardario" o "correre i 100 metri in 8 secondi netti", perché tanto lo sappiamo benissimo che quello non è davvero il vostro obiettivo. Non avete mai lavorato seriamente per raggiungerlo, no?
Quelli si chiamano sogni.
Anch'io ne faccio un casino, mi immagino più alta di tre centimetri, più magra di quattro o cinque chili, con lo sguardo dolce, il culo di Venere, il coraggio di Minerva, eccetera, eccetera.
Poi però me ne sto a cazzeggiare e mangio pizza una sera sì e l'altra pure.
Voi probabilmente siete così.
I vostri momenti liberi li usate per rilassarvi, distendervi i nervi, schiacciare un pisolino, riposarvi, fare la pennichella, dormire profondamente, gettarvi nelle braccia di Morfeo, lasciarvi trasportare in un sonno a occhi aperti e chiusi...

Ammettetelo: otto secondi netti è il tempo che vi ci vuole per capire che i tasti su cui state pigiando per calcolare tredici per tre non sono quelli della calcolatrice ma del telecomando.

E i cento metri li correte solo in macchina.

L'obiettivo è qualcosa per cui ci si dà da fare.

E al momento il mio obiettivo è una migliore qualità di vita.

Quindi inizierò col comprare il mastino anche se dopo mi toccherà pulire le scie di saliva e mettere in chiaro che a dispetto della sua grande mole e del suo aspetto nobile, in casa comando io e lui è un mio dipendente.

Lo assumo in cambio di vitto e alloggio soltanto per fare da guardiano alla mia casa con giardino, ma senza cancello.

Con reciproco rispetto, ma poca confidenza.

Niente scodinzolanti effusioni al mio rientro, tanto per capirci.

Perché detesto che mi trattengano sulla porta di casa mentre arrivo di corsa quando mi scappa la pipì, o magari c'è la finale olimpica della staffetta maschile alla televisione o magari devo uscire di nuovo dopo sei minuti e ho tempo soltanto per una doccia e una cena a base di chicchi d'uva.

In seguito non è detto che tra me e lui le cose non possano migliorare.

Ma di certo non gli lancerò rametti secchi aspettando trepida che lui torni col trofeo tra i denti.

Né correremo assieme felici e spensierati lungo il fiume.

Né lo insaponerò nella mia vasca da bagno per un bagnetto.

Il mio dipendente se ne andrà al negozio dove fanno

la toeletta agli animali. I primi tempi gli farò vedere dove è, ma spero che con gli anni capisca come andarci da solo...

Sarà un rapporto basato sulla lealtà: lui sparpaglierà le sue bave nel perimetro erboso della casa, e io gli comprerò le scatolette al supermercato.

E non lo farò sterilizzare.

Diamine! Che si goda la vita!

Giugno

Caro diario,
scrivere la biografia è un po' come scrivere il diario. Però più barboso.

Perciò ho cambiato idea.

Niente biografia. Semmai pubblichiamo te, va bene?

Ieri mattina Sara è tornata alla carica col suo racconto.

Parlava in termini così entusiastici di questo suo insegnante di scrittura creativa Elio che se non sapessi che le cose tra lei e Walter vanno benone, penserei alla solita cotta della studentessa per il professore. Perché scrivo "solita"?

A essere sinceri (quanto lo si può essere in un diario che può essere sbirciato), non conosco studentesse che abbiano mai preso cotte per i loro mentori, a parte le protagoniste dei libri. Io e le mie compagne di liceo non abbiamo mai avuto insegnanti carismatici che emanassero magnetismi vari, o anche semplicemente che frequentassero una palestra di body building per rimettersi un po' in forma. I nostri erano tutti stile canitia et calvitia.

«Insomma, Sara,» le ho detto «non ti sarai mica infatuata di quest'uomo.»

«No, ma cosa dici? È che mi ha aperto gli occhi su tante cose, è così colto, conosce un sacco di vocaboli...»

«Be', anche il mio dizionario. Se vuoi te lo presto.»

«Per esempio...»

«Per esempio?»

«Sai cosa significa guardare con occhi di basilisco?»

«Occhi feroci?»

«Sì, insomma Elio ci ha spiegato che il basilisco era una creatura mitologica, che inceneriva chi lo fissava negli occhi...»

«Sì, è vero. Lo chiami per nome?»

«Tutti lo chiamiamo Elio. C'è un clima informale, molto positivo, Fra, dovresti venire. Be', per tornare a quello che stavamo dicendo, io prima pensavo che si dicesse occhi di basilico.»

«La pianta? Cosa c'entra, scusa?»

«Il pesto, per analogia occhi pesti... Capito?»

Io no.

E tu, caro diario, ci hai capito qualcosa? E tu, sbircione, dov'è che ho mentito stavolta?

Sara vuole che dia di nuovo un'occhiata al suo racconto.

Sta diventando faticoso continuare a sorriderle con finta allegrezza.

«Elio ci ha chiesto di riscrivere un passaggio in uno stile diverso dall'originale, pur mantenendo la stessa trama» mi spiega, tutta eccitata.

«Nell'ultima lezione lui ci ha letto un suo pezzo in stili diversi, per esempio gentile, religioso, arrabbiato... Non so se hai capito, comunque viene fuori una roba fortissima, Fra» mi dice tutta eccitata.

«Ma sì, lo so, l'ha già fatto Queneau in quel libro... come si chiama... *Esercizi di stile,* credo...»

Per un attimo Sara sembra delusa.

«Scusa, ma pensavi che l'avesse inventata lui questa cosa?» chiedo.

Santo cielo, mi dispiace, è come se le avessi rubato la panna montata dalla torta.

«A dire il vero sì» ammette.

«Comunque quello che ho fatto io è un passaggio "esclamativo". Ti va di leggerlo?»

Bene. Leggiamo.

Cacchiolone! Un'ombra passò sul viso di John Cotton! La donna l'aveva ormai raggiunto, perbacco! E, belin!, rallentava il passo come se avesse intenzione di fermarsi a scambiare due parole.

«Si è fatto male, per la miseria?» chiese lei e aggrottò la bella fronte in un modo che perdinci!

Aveva una voce dolcissima, che ricordava a John il sapore del miele, porca vacca!

«Ah! Stramaledettissima cagna! Non è nulla!» rispose John.

«Uh! È meraviglioso, qui, maremma maiala!» disse la donna, voltandosi a guardare il mare e imprecandogli contro mentalmente.

«Sì, è molto bello, perbacco!»

«Diamine!»

«Puah! Cosa pesca?» chiese lei.

«Ohibò! Granchi» rispose lui.

«Evviva!»

La fisso un attimo per capire se è consapevole.

Da come se la ride direi proprio di sì.

Rido anch'io.

Poi le scrivo un giudizio a matita sul foglio.

Questo sì che è scrivere! Perbacco!

Antefatto. Anche se mi ero già preparata la sera prima, non potevo starmene lì seduta immobile per altre ventitré ore senza sudare e senza spettinarmi i capelli, ad aspettare che Giovanni venisse a prendermi.

Così mi sono spogliata, mi sono infilata la vecchia camicia da notte e ho guardato il dvd di *Hero*. Che meraviglia! Tutti quei salti e quelle capriole nell'aria.

Sono andata a dormire presto e ho sognato di fare balzi come quelli che avevo visto nel film. Soltanto che a me riuscivano grazie a delle gambe spropositatamente lunghe, tipo due metri o giù di lì.

La mattina dopo ero di buonumore e rigurgitavo idee positive.

Mi sarei iscritta a un corso di spada. Ecco cosa avrei fatto: per i prossimi dieci anni mi sarei allenata due ore tutte le sere.

E poi avrei indossato abiti ampi e leggeri come quelli di Neve che vola...

Prima però dovevo andare a comprare dei fiori per i padroni di casa che avevano organizzato la cena.

Così sono andata dal fiorista e ho iniziato a passare in rassegna anemoni, calle, ortensie...

C'era tutta una serie di enormi mazzi già pronti a soli sei euro.

Ma non mi convincevano. Non mi sarei presentata con un mazzo sfigato.

Ci voleva qualcosa di artistico.

A un tratto mi è venuto in mente quel negozio che hanno aperto in centro e mi ci sono catapultata.

Si chiama Arte Floreale ed è carinissimo!

La commessa – una donna dal seno prosperoso – aveva una targhetta appuntata sul taschino con la scritta Mutsuko. Ma è bionda, ricciolutà, con gli occhi azzurri un po' a palla e l'accento bolognese.

«Perché non regala una composizione creata da lei?» mi suggerisce Mutsuko. «Noi le vendiamo l'occorrente e lei si dedica al suo ikebana nel modo che preferisce.»

Giusto! Perché no?

«Va bene» dico, piena di entusiasmo.

Quanto mi piacciono queste cose creative!

«Per prima cosa le servono un paio di cesoie, una piccola ascia, un coltello a doppio taglio e una siringa» spiega.

Io la osservo mentre deposita sul banco le sue armi e inizio a temere di essere stata fraintesa. Non è che io vada proprio matta per gli attrezzi appuntiti e taglienti. E poi cosa dovrei farci? Puntare il coltello alla gola di un fiore, pronta a lanciare l'ascia o a iniettare liquidi mortali nelle radici...

«Sembrano gli attrezzi di un ninja» butto lì, un po' a disagio.

Ma lei non risponde e chiede: «Preferisce uno stile nageire o un moribana?».

«Eh?»

Di cosa sta parlando?

«Lo stile.»

«Mmm...» rispondo, fingendo di pensarci su. «Direi... la seconda...»

«Va bene, ora le prendo il kenzan» dice.

E sparisce dietro una tenda.

Che tipo di arma può essere il kenzan?

Un gigantesco arco da portare a tracolla, mentre mi dedico alla gentile arte del disporre i fiori?

O un grosso elmo di metallo che dovrò indossare al momento di donare i miei vegetali?

Il kenzan si rivela essere una sorta di spazzola senza manico.

Non riesco a levare gli occhi dagli spilli del nuovo oggetto.

«È la base» mi spiega la donna. «Qui sopra colloca i fiori.»

«Aaah!! La base!» dico e mi lascio andare a una risatina che non ho nessun motivo di fare.

«Ora deve scegliere la forma del contenitore e poi i fiori.»

Nella vetrina ci sono una serie di vasi di tutte le forme.

«Mi piace quello» dico dopo un po', indicando un vaso nero dal collo lungo e sinuoso.

«Quello è per lo stile nageire» mi risponde Mutsuko. «Ha cambiato idea? Vuole creare una composizione alta?»

Alta?

Cosa intenderà per alta? Alta come me?

E come ce la trascino poi a casa di quei tizi?

«In realtà no» dico. «Mi piacerebbe molto, ma ormai ho deciso per moribona.»

«Moribana» mi corregge lei.

E mi sembra di notare una bava di disprezzo nello sguardo mentre mi corregge.

Ma perché mi sono imbrigliata in questa storia?

«Che ne dice di questo?» mi suggerisce, indicandomi una roba bassa e rettangolare che sembra la lettiera di un gatto. «Linee essenziali, non trova?»

«Per essere essenziali, lo sono...» dico, indecisa.

«E poi c'è il prezzo! Costa soltanto quarantacinque euro.»

«Co... cosa?»

«È la più economica» spiega.

«'a bene, 'a prendo» dico.

Ma il mio tono di voce è molto triste.

Così non va.

"Non essere tirchia," mi dico per darmi coraggio "vuoi o non vuoi presentarti al meglio, stasera?"

«Ora i fiori» dice la donna, posando sul banco tre o

quattro ciuffetti di una pianta che sembra basilico, un rametto di legno e tre piccoli fiorellini bianchi che non ho mai visto prima.

«Ma non sono pochi?»

«In che senso?»

«Voglio dire... non sembrerà un po' misero?»

«Come lei sa bene, l'ikebana predilige la linea piuttosto che la massa o i volumi. La bellezza di una composizione sta nella sua linearità. Semplice, essenziale, ma al tempo stesso armoniosa.»

Annuisco.

E se le dicessi che ho cambiato idea?

Indietreggio lentamente con disinvoltura, ma proprio in quel momento lei inizia a impacchettare il tutto e velocemente batte il conto.

«Ottanta euro» dice, porgendomi lo scontrino.

E mi fissa la borsa con uno sguardo del tipo "ma i soldi per pagare ce l'hai o sei solo venuta a farmi perdere tempo?"

Così tiro fuori il denaro in fretta e furia, poi saluto e mi avvio verso l'uscita.

«Mi raccomando,» mi grida dietro lei «assecondi la composizione!!»

Io taccio.

In quel momento non posso risponderle perché sto quasi piangendo.

E non è un pianto di gioia...

Appena arrivata a casa mi piazzo al computer e cerco un sito sull'ikebana.

Be', sembra facile.

Ecco, metto il kenzan dentro la lettiera, pianto il ramo nel centro e lo piego un po' all'indietro. Poi dispongo le foglioline alla base e ora fisso i fiorellini. Carino.

Oh, ma perché le corolle si accasciano in quel modo?
Ora le risistemo.
Cos'hanno 'sti fiori? State su, maledetti!
Ho capito, forse hanno sete. Devo solo versare un po' d'acqua.
Ecco tesori belli, su la capoccia...
E se provassi con la lacca per capelli? Con le calze autoreggenti funziona sempre.
Niente da fare.
Disperata li abbandono al loro destino e quando arriva Giovanni, i fiori sono ormai completamente sdraiati sul kenzan.
Un po' come fachiri addormentati su un letto di chiodi.
«Cos'è?» chiede Giovanni, vedendomi entrare in macchina con le mani sotto il mio vassoio.
«Un ikebana per i tuoi amici» dico. «L'ho fatto io.»
«Uuuh... bene.»
«Ti piace?»
«Fa' vedere... Perché hai messo i fiori sdraiati? C'è un... sì, insomma ha un significato?»
«No, no, ho solo assecondato la composizione... È così che funziona l'ikebana.»
«Originale» dice.
È il classico commento che mi lascia depressissima.
Ha ragione.
Questa cosa fa schifo.
E poi quando arriviamo vedo il tipo di casa (villa), il tipo di parco (un tavoliere), il tipo d'accesso alla spiaggia (privato), e anche se ancora non li conosco, questi amici mi sono già antipatici.
Mi giro a guardare i miei fiori e prendo una decisione.
Dimenticarli sul sedile posteriore.

Siamo seduti a un tavolo così lungo che i due opposti probabilmente sono in due città diverse.

Mi chiedo se i camerieri ci serviranno in bicicletta.

Io mi sono sfilata le scarpe perché sono nuove e mi fanno un male cane.

Tanto la tovaglia è bella lunga e nessuno potrà notarlo.

Sul tavolo, vicino al cartoncino color pesca con i nostri nomi, ci sono delle scatole con dei grossi fiocchi.

Ci hanno fatto dei regali!

Che bello! Adoro queste cose.

«Che meraviglia!» esclama una signora che ha già scartato il suo.

È un bracciale cavetto in acciaio e oro.

I doni sono stati disposti a caso, ci spiegano i nostri ospiti.

Una specie di lotteria karmica.

Ora apro il mio.

Chissà cosa mi è capitato.

Dopo aver lottato per un po' con i fiocchi e lo scotch, tiro fuori un tubo di metallo.

«Oh, grazie!» esclamo con un tono fintamente allegro. «Un pezzo di rubinetteria! Può venir bene se mi si sfascia il bagno...»

«Quella è un pipa tibetana» mi dice un signore anziano col pizzetto bianco.

«Ah! Allora è un regalo di valore» esclamo, un tantino risollevata.

«Otto o nove euro» risponde lui, prendendo la pipa in mano per esaminarla. «È fatta in serie.»

Una pipa tibetana... Che significato karmico può avere?

Giovanni è seduto due posti più in là, così quando a un tratto si alza in piedi e dice che va a prendere una cosa che abbiamo lasciato in macchina, non posso arpionarlo e impedirglielo.

Dentro di me spero che non si tratti di ciò che sospetto, ma è una speranza vana.

Dopo pochi minuti riappare reggendo la lettiera, che posa sul tavolo.

Proprio al centro.

Dio, questa cosa è davvero imbarazzante.

«Anche Francesca vi ha fatto un regalo» dice.

Francesca, eh?

Certo. Lui non vuole essere coinvolto!!

«Cos'è?» chiede la padrona di casa, allungando il collo.

Sto per lanciarmi in una spiegazione complessa, ma suo marito mi precede.

«Aglio» risponde.

Dieci visi si voltano contemporaneamente a guardarmi interrogativamente.

Ecco cos'era quell'odore!

Sento una vampata da menopausa e per nascondere il rossore prendo il bicchiere che qualcuno mi ha riempito d'acqua e lo scolo d'un fiato.

«Ha un sapore strano quest'acqua» dico, posando il bicchiere.

«È vino» mi risponde la padrona di casa, che è seduta di fronte a me e non ha smesso di scrutarmi da quando siamo arrivati.

Si chiama Michelle e ha un seno al silicone che ricorda una coppia di palle mediche.

«Io sono astemia» dico preoccupata.

«Be', vorrà dire che non la faremo guidare» risponde lei. E scoppia in una risata convulsa, come se quella risposta potesse essere una battuta divertente.

Gli altri le vanno dietro e ridono con lei.

Che tra l'altro non mi ha ancora ringraziata.

Insomma, il regalo potrà anche fare schifo, ma potrebbe essere almeno educata e dire grazie, no?

Cerco di fissare Giovanni negli occhi con uno sguardo feroce, della serie "non ridere delle battute di questa stronza!!"

Ma lui non si accorge di niente.

È occupato con la sua vicina.

Bionda.

Giovane.

Graziosa.

E molto oca.

Una cosa tipo *La donna perfetta*.

Lei sfascia il suo pacco e io viscidamente prego che le sia toccato un bel tagliapeli per il naso.

«Cos'è?» le chiede Giovanni.

«Carta marmorizzata» dice lei.

Carta marmorizzata!

Ah, ah, ah! Che schifo!

D'improvviso questa cosa mi piace un casino.

«Deliziosa!» trilla lei. «È il tipo che uso quando faccio découpage!»

«Découpage?» domanda Giovanni.

«Molto creativo, sai?» bamboleggia la tipa.

Creativo? Quell'orrida stratificazione di soggetti kitsch incollati in un disordine da personalità disturbata?

Ma per piacere! Cosa c'è di creativo nel ritagliare e incollare? L'abbiamo fatto tutti all'asilo!

Ma Giovanni le sorride come un idiota, mentre sfascia il suo pacco.

Spero tanto che trovi un vaso da notte.

Lui si volta verso di lei e le mostra un'orribile agenda dalla copertina in plastica. Gialla.

E ride.

Ora gli mando un messaggio.

Che cavolo c'è da ridere?
Non mi sembra che un'agenda
sia una cosa esilarante...

Lo osservo con la coda dell'occhio mentre legge e mi risponde.

Rilassati.

Ah sì?

Adesso ti faccio vedere io.

Accavallo le gambe, mi tiro indietro i capelli con un gesto sensuale e mi giro verso il mio vicino di destra.

Per la cronaca: un tizio sulla trentina che divora le sue ostriche succhiandole in modo disgustoso e ha i capelli lucidi e ondulati che gli lambiscono la quinta vertebra lombare.

Non voglio indagare sul perché di quel lucore.

(Sospetto una miscela di gel e vecchie forfore tra i capelli.)

(Come dire? Sporchi, ecco.)

Mi arrendo.

Proviamo a sinistra.

Tipo sulla quarantina dallo sguardo vacuo.

Capelli biondi

(Chiaramente tinti.)

(Non dal parrucchiere, tuttavia.)

(Da lui stesso, con palese errore di dosaggio.)

Pancetta.

Alone di sudore in zona ascellare formato pizza.

Il classico tipo che attacca la gomma da masticare sotto la sedia e, se capita, magari anche qualche cacchetta di naso.

Sex appeal: zero meno.

Tanto per capirci, tra lui e Homer Simpson, sceglierei Homer.

Ma perché mi hanno messa in mezzo a questi due? È una sorta di crocifissione simbolica?

«Ha fvequentato un covso di ikebana?» mi chiede Michelle.

«Sì» mento io.

Non posso prestare il fianco a questa snob piena di castello con parco, di maggiordomi ossequiosi e di cani con pedigree.

«Dove?» mi chiede, scrutandomi con gli occhi a fessura.

«A Kyoto, durante una vacanza estiva... Con... con Mutsuko. Un grande maestro giapponese. Io e lui siamo molto amici.»

«Oh, fovse potvebbe davmi il numevo di telefono» dice. «Quest'estate io e Bambi andvemo a Osaka pev un mese. Magavi facciamo una puntatina a Kyoto.»

«Bambi?» chiedo, voltandomi verso la terrazza, dove prima avevo scorto una coppia di levrieri.

«Sì, mio mavito...»

«Oh! No, non credo sia possibile» dico.

«Come mai?»

«Ecco lui...» esito.

Inizia a girarmi la testa.

«Sì?»

«È morto» dico.

E assumo di colpo un'aria infelice.

Con la coda dell'occhio intravvedo Giovanni che mi sta guardando.

Serio.

No, non serio.

Preoccupato.

«Oh! Mi spiace» dice lei.

Quel vino mi ha stordita.

Non riesco a pensare bene. Così ne trinco distrattamente un altro bicchiere.

Il mio sguardo è attratto dalla pipa tibetana. Me la piazzo in bocca e me ne sto così, in silenzio, mentre tutti mi fissano.

In quello stesso momento sento che mi viene da vomitare.

E ora?

Calma, si tratta solo di arrivare in bagno.

«Non mi sento bene...» dico, alzandomi in piedi. «Posso andare in bagno un momento?»

«Venga, le faccio vedere dov'è» dice il marito di Michelle, alzandosi. «Ha bisogno di aiuto?»

«No, grazie...»

Spingo indietro la sedia e lo seguo, barcollando leggermente.

Solo quando sono con la testa sulla tazza del water e mi cade lo sguardo sui miei piedi nudi, realizzo che ho lasciato le scarpe sotto il tavolo e sono scalza.

Dio, come sto male.

Per fortuna in bagno c'è un divanetto e posso accasciarmici sopra.

Ma guarda! Il divanetto in bagno... che idea carina... potrei metterne uno anch'io...

Dio, come sto...

Dieci minuti dopo Giovanni viene a vedere come mi sento e mi trova sdraiata sul divano che rido da sola.

«Stai bene?» chiede.

«Amore!» esclamo vedendolo. «Cosgia fai da queste parti?»

Vorrei alzarmi e buttargli le braccia al collo, ma non ci riesco.

«Tirati su» dice. «È meglio se cammini un po'.»

Mi alzo e mi aggrappo al suo braccio.

«Che bel bicipote... no, volevo dire bicione... no... bicipitone, ecco bicipitone...» biascico seguendolo.

«Sciai cosgia mi piasgerebbe fare ora?» gli dico, mentre cammino sorretta dalle sue braccia forti e vigorose.

«Cosa?» chiede.

«Scescio» dico ridendo.

Anche lui sorride.

Ma è un sorriso imbarazzato.

Perché siamo arrivati nel salone e credo che mi abbiano sentito tutti.

«Pronto?»

«Ogni frutto ha la sua stagione.»

«Nonna, sei tu?»

«Le cose lunghe diventan bisce.»

«Cos'è? Un codice?»

«Potrei morire da un giorno all'altro e tu non hai ancora fissato la data.»

No, ti prego!

Non di nuovo questa storia.

Faccio un sospiro e provo a contare fino a dieci.

Al cinque cedo e sbotto.

«Nonna, tu stai benissimo. Sei la donna più sana del globo e vivrai altri seicento anni.»

«Si vedrà. Comunque se non ti sposi adesso, non credo che tra seicento anni avrai molte possibilità.»

«Uffa! Se non mi sbaglio per sposarsi è necessario essere in due.»

«Non è vero.»

«Okay, allora mi sposo da sola stasera. Sei invitata, portami il regalo.»

«Sai bene cosa voglio dire. Sei tu quella che deve volerlo. Gli uomini fanno quello che decidiamo noi. Sai come si dice, no?»

«No. Come si dice?»

«Gli uomini non han la testa sul collo, ce l'hanno sul sedere.»

«Non capisco. Cosa significa? Io non lo voglio uno con la testa sul sedere...»

«Tu devi prendere quello che arriva. Mia madre si è sposata a sedici anni e io a diciotto. Alla tua età lei era già nonna.»

«Che bellezza! Hai finito, nonna?»

«C'è tua madre che ti vuol parlare. Te la passo. Fissa una data e vedi di trovarne uno.»

«Mamma?»

«Ciao, Fra. Non stare a sentire la nonna.»

«Come faccio? Mi tappo le orecchie? L'anno scorso per il mio compleanno sul biglietto d'auguri ha scritto: "Gallina vecchia fa buon brodo..."»

«Lo sai che si preoccupa per te.»

«E ti ricordi il biglietto di due anni fa? "Belle o brutte si sposan tutte". Quello di tre anni fa non me lo ricordo, l'ho rimosso. Secondo te mi fa bene ricevere questi piccoli traumi in forma epistolare?»

«La nonna ha ottant'anni, Francesca. Sei sempre stata la sua nipote preferita e adesso vorrebbe vederti sistemata...»

«Come mai se sono io la preferita, non rompe le scatole agli altri nipoti? Federica compresa...»

«A proposito di Federica. Ti abbiamo chiamato soprattutto per parlarti di lei. Ha telefonato ieri. Sono preoccupata, Francesca. L'ho sentita così giù. Devi andare da lei. Ora ti spiego tutto. C'è un volo da Genova per Londra domani alle nove e quaranta... col fuso a favore arrivi alle undici e mezza. T'incontri con lei, le parli, magari la convinci a tornare e poi riprendi il volo della sera che parte alle undici. Biglietto pagato.»

«Ferma un attimo, non era in Irlanda?»

«Prima. Adesso è a Londra... A te Londra piace, no? Vai, ti fai un giretto della città e la sera sei già a casa.»

«Ma dài, certo! Perché non ci ho pensato io?» dico, con un tono che è tra il sarcastico e l'astioso. «Che si fa domani? Io direi di andarcene tutti per Londra, visto che mi è frullata 'st'idea nella zucca! Anzi sai una cosa? Mi faccio l'abbonamento. Un bel mensile: parto tutte le mattine per Londra e ritorno la sera!»

«Ma... ma scusa, non ti è sempre piaciuto viaggiare?»

Taccio un attimo per riflettere.

Un breve attimo di introiezione e autoanalisi.

Botta e risposta tra me e me.

Della serie:

Oggettivamente, Fra, come avresti potuto diventare una persona normale?

Le altre partivano avvantaggiate.

Lo capisci, vero, con chi te la sei dovuta sbrogliare negli anni difficili della pubertà?

Non è colpa tua. D'ora in avanti ricordatene e perdonati sempre.

«E tu questo lo chiami viaggiare?» chiedo stancamente. «E comunque al ritorno ho il fuso a sfavore. Arrivo alle due e mezza di notte a Genova e se va bene, sottolineo fortemente *se va bene*, vado a dormire alle quattro...»

«Puoi dormire in aereo.»

«Già, perché tanto non ho paura di volare, no? Riesco pure a dormire. E naturalmente sarà uno di quei voli economici della Cheaper Air, tipo venti sterline andata e ritorno, con sedie da bar in plastica bianca traforata incollate al pavimento dell'aereo, sacchetti per il vomito riciclati, e salvagenti con la paperella al posto dei giubbotti...»

«Non è meraviglioso? Un tempo volare costava un capitale.»

«Sì, ma con l'economico arrivo a Stansted. Per raggiungere Londra mi ci vogliono due ore. Mi spieghi come la visito? Correndo sul monopattino?»

«Ci sei stata altre volte, non hai bisogno di fare il tour completo. Insomma, non ti fa piacere vedere tua sorella?»

«Mamma, sai che odio volare, specialmente se sono sola.»

«Oh!... Ma non c'è nessuno che ti accompagnerebbe? Magari un tuo amico... qualcuno da presentare a Federica.»

Capto al volo.

«È questo il problema, dunque! Il suo fidanzato irlandese l'ha mollata!»

«Poveretta. Sai com'è fatta lei, non ci sa stare da sola. Così finisce col mettersi col primo cretino che passa...»

«Colpa tua, le hai fatto passare troppo tempo con la nonna da piccola. Adesso segue i suoi consigli.»

Poi sospiro rassegnata.

In fondo non ho cose urgenti da fare domani.

«Vabbe', chiamala e dille che vado. E che venga a prendermi all'aeroporto.»

«Grazie, sei una brava figlia» dice. Ma usa un tono di voce interrogativo, così la frase suona più come una domanda che come un'affermazione.

«Comunque ce l'hai un amico come si deve da farle conoscere?»

«No, mamma. Si dovrà accontentare di me.»

«Okay, ti ripasso la nonna.»

«Dimmi, nonna.»

«Mangia, che sei il ritratto della fame...»

«Va bene» dico.

Per un attimo sono intenerita dal fatto che si preoccupi per me. Cara nonna.

Ma poi lei aggiunge: «...che gli uomini le secche non le sposano».

«'a bene» ripeto rassegnata.

Ormai non ho più la forza di reagire.

«Meglio se non è foresto.»

«Chi?»

«Tuo marito. Mogli e buoi dei paesi tuoi...»

Ma quanti proverbi conosce?

Per fortuna qualcuno suona alla porta e io ho una scusa per mollarla.

«Nonna, ti devo lasciare. Ci sentiamo.»

Alla porta c'è Paolo, il cacciatore.

«Disturbo?»

«Per la verità sono un pochino presa, devo partire domani mattina per Londra. Comunque vieni dentro un minuto.»

Paolo entra e mi porge il dvd che gli avevo prestato.

«Sono venuto soltanto per riportarti il film. Ti fermi tanto a Londra?»

«Un giorno. Torno domani sera.»

«Vai per lavoro?»

«Vacanza.»

«Di un giorno?» chiede meravigliato.

«Ma no, sto scherzando. Vado da mia sorella... In realtà è una rottura di scatole e io ho pure paura a volare sola.»

«Perché non chiedi a qualcuno che ti accompagni, magari al tuo fidanzato?»

Già. Potrebbe essere un'idea.

«Stavo giusto per chiamarlo» dico. «In realtà mi spiace infastidirlo con questa cosa. So che in questi giorni ha quintali di lavoro sulla gobba.»

«Dài, chiamalo» insiste Paolo. «Magari gli fa piacere accompagnarti.»
Così faccio il numero e resto in attesa della sua voce.
«Pronto...»
«Ciao, sono io.»
«Ciao Fra, tutto bene?»
«Sì, volevo sapere...»
«Dimmi.»
«Hai da fare domani?»
«Be', domani sono messo male. Ma se vuoi che ci vediamo, mi posso liberare un paio d'ore a pranzo.»
Mi rendo conto che dirgli "ti va di fare un volo sino a Londra e tornare la sera?" suonerebbe un po' come la proposta di una demente.
Così abdico.
«No, è lo stesso. Ci vediamo mercoledì, come d'accordo.»
«Va bene. Ti chiamo stasera.»
«Sì, ciao.»
Poso il telefono e alzo le spalle con rassegnazione.
«Niente da fare» dico a Paolo, che mi fissa interrogativamente.
«Vuoi che venga io?» chiede.
«Sei matto?»
«Perché? Mi piace l'idea di Londra in un giorno... Non l'ho mai fatto.»
«Ma... ma a che titolo, scusa?»
«Sono in ferie per quindici giorni e per domani non ho programmi. Insomma perché no?»
«Se ti lascio venire, non...» esito.
Accidenti. Come faccio a dirlo?
Ma Paolo ha già capito.
«No, sta' tranquilla, non ti romperò le scatole» dice. «Semmai ci provo con tua sorella.»

Ma lo dice ridendo e... be', visto che devo andare, che Giovanni non può venire, che Paolo mi è capitato qui quasi inviato dal destino...

«Bisogna partire alle sette» spiego. «Il volo è alle nove e quaranta.»

«Bene.»

Paolo è tutto felice.

«Vengo a prenderti alle sette in punto» dice. «E non fare quella faccia! Vedrai che ci divertiamo.»

«Tu non hai mai volato con me.»

«Perché, cosa fai?» chiede. «Ti strappi i capelli dalla paura?»

«No, ma vado in paranoia e non riesco a frenare comportamenti inadeguati» rispondo cupa. «L'ultima volta ho chiesto a tutti quelli che avevo intorno di controllare se avevano spento il cellulare...»

«Che c'è di male?»

«Insistevo per controllare personalmente, capisci? Con gente mai vista prima! E un'altra volta ho avuto crisi di riso molto imbarazzanti... Ridevo con le lacrime agli occhi, praticamente sulla faccia di chiunque mi rivolgesse la parola. Ho smesso quando sono scesa a terra. Ma ormai era tardi per rincorrere i passeggeri e chiedere scusa.»

«Be', magari domani non succede nulla. Ci vediamo alle sette. E per il biglietto?»

«Penso a tutto io.»

Caro diario,
sono seduta sull'aereo vicino a Paolo e seguo il suo consiglio: scrivo per calmarmi. Non posso credere di avere fatto quello che ho fatto. Dio come mi sento male all'idea che non indossavo nemmeno una maschera o un naso finto! Probabilmente la compagnia aerea mi bandirà dal-

le sue linee e stamperà il mio volto sui prossimi cartelloni pubblicitari con la scritta: CONOSCETE QUESTA DONNA? NON VOLETE PIÙ AVERLA COME COMPAGNA DI VIAGGIO? VOLATE CON NOI: CHEAPER AIR, LA COMPAGNIA CHE TIENE LONTANA QUESTA DONNA DAI PROPRI VOLI!!!

Tutto perché sono paurosa e perché ho letto Howard Buten.

In uno dei suoi più bei libri – La notte delle stelle – *a un certo punto un tizio sale a bordo e prima che l'aereo decolli dice a voce alta che l'aereo precipiterà.*

Lo fa per scaramanzia, e anche se i suoi compagni di volo inorridiscono, in realtà è una cabala perfetta.

Be', l'ho fatto anch'io...

Sono in piedi con lo sguardo fisso al portello d'uscita e penso che forse sono ancora in tempo. Dico a Paolo che ci ho ripensato e torniamo a terra. E proprio in quel momento il portello si chiude.

Tra i miei vezzi c'è la claustrofobia.

È per questo che non mi sono fatta monaca.

Tra l'altro.

(L'idea di un bel gonnellone lungo, una fascetta bianca sulla fronte e un rosario legato in vita mi ha sempre affascinata.)

(Il nero mi dona pure.)

Così schizzo in piedi e cerco di pensare a qualcosa.

Qualcosa che porti fortuna, una specie di benedizione...

Ci sono.

«QUESTO AEREO PRECIPITERÀ!» dico a voce alta. Tutti i passeggeri si voltano a guardarmi.

C'è un misto di orrore e sorpresa nei loro volti.

Due assistenti di volo (una rossa che assomiglia al solista dei Simply Red e una bionda con la fronte bassissima, due centimetri a voler esagerare) si precipitano verso di me e mi fanno segno di stare seduta, *please*.

Non sanno una parola di italiano, ma hanno un sesto senso per le rogne.

«Okay, okay, ora mi siedo» dico. «Ma le assistenti di volo non dovrebbero conoscere le lingue?» chiedo a quella che mi fissa ostile da sotto la piccola fronte aggrottata.

Poi mi giro verso gli altri passeggeri.

«È una cosa che porta fortuna, perché è piuttosto improbabile che precipiti proprio l'aereo in cui è stata detta questa cosa all'inizio del volo, no?»

«A meno che uno non abbia poteri di preveggenza» aggiunge Paolo, sorridendo a bocca larga per sdrammatizzare.

Gli pesto un piede e faccio le corna dietro la schiena, perché non si sa mai. Come gli viene in mente l'idea che la preveggenza possa essere sottovalutata?

«Oppure che sia una terrorista kamikaze» dice un signore corpulento seduto vicino a noi.

«Nel qual caso cercherei di non attirare l'attenzione» rispondo sorridendo.

Ma non ce n'è bisogno. I passeggeri hanno capito che era una sorta di scherzo innocuo.

Per le due strane hostess, invece, la parola "terrorista" (comprensibile in molte lingue) ha un richiamo morboso. Dopo dieci minuti io, il signore corpulento e Paolo siamo in una saletta dell'aeroporto in compagnia di quelli della sicurezza. Fortunatamente le nostre spiegazioni sono convincenti e dopo mille domande ci permettono di tornare a bordo.

Così possiamo decollare.

Con un'ora e dieci di ritardo.

Per colpa mia e di Buten.

«Francesca!»

All'aeroporto di Stansted una giovane donna dalla capigliatura verde alga agita le braccia da lontano e sorride guardando nella mia direzione.

«È lei?» chiede Paolo.

«No! Chi è? Forse mia sorella avrà mandato un'amica» rispondo, un po' preoccupata.

Ma poi ci avviciniamo e mi accorgo che la tipa che mi abbraccia e mi bacia è proprio Federica. Sotto l'acconciatura stile prato incolto, ci sono tratti di famiglia.

«Fede! Ma cosa hai fatto ai capelli? Quasi non ti riconoscevo!»

«Ho sbagliato la tinta. Si nota molto?»

«Un pochino, ma a te sta bene. Questo è Paolo.»

«Ciao» dice Federica.

«Ciao» dice Paolo.

E mentre loro si stringono la mano, abbasso lo sguardo e lo vedo.

Spunta dalla borsa a rotelle di Federica e ha un muso tenerissimo.

«Un cane!»

«Sì, un mastino. Lo vuoi, Fra?»

«Eh? Ma chi te l'ha detto che stavo cercando un mastino?»

«Nessuno. Questo cane è... vabbe' lasciamo perdere. Comunque io non posso tenerlo con me. La proprietaria dell'appartamento in cui sono adesso è stata categorica: *no pets*! Niente animali. Sinora l'ho tenuto nascosto in questa sacca, ma non posso continuare a nasconderlo...»

«Be', io non posso prenderlo.»

«Ma se hai appena detto che stavi cercando un cane.»

«Ma non è vero.»

«Sì, l'hai detto, ho sentito anch'io» s'intromette Paolo.

«Lo so che l'ho detto. Lo dico sempre, ma in realtà non è vero che lo voglio.»

«Solo per quindici giorni, Francesca. Io torno a casa tra due settimane e lo riprendo.»

«Perché non torni subito?» chiedo.

«Devo sistemare le ultime cose, spedire i bagagli... Non riesco proprio prima.»

«Ma poi lo so che cambi idea e non torni. O se torni non lo rivuoi.»

«E poi lo sto addestrando, questo diventa un cane speciale, sai?»

«Eh?»

«Gli do da mangiare tenendo i bocconcini sollevati sopra il muso, così lui fa un saltello ogni volta. Quando è abbastanza bravo a raggiungere una misura, alzo il braccio di un paio di centimetri. Insomma con questo sistema può diventare il cane della sua specie che salta più in alto...»

«Ma sei fusa? Povera bestia, è una specie di tortura!»

«Tu non capisci niente di animali. Lo tengo in forma e lui si diverte un sacco. Ci perdo del tempo, sai? Credi non sia palloso stare mezz'ora col braccio sollevato e quei puzzolenti bocconcini in mano? Se tu fossi un cane non vorresti essere il migliore in qualcosa?»

«Dio, no! Quest'ossessione dell'essere migliori ce l'hanno le persone, non gli animali... Non lo voglio, comunque. Neanche se gli insegni il salto con l'asta.»

Il mio tono di voce una volta tanto è fermissimo.

«Vabbe', allora chiedi alla mamma se può tenerlo per un po'.»

«La mamma non ha tempo per un cucciolo, lo sai» replico.

Mi abbasso verso il mastino e con cautela lo sollevo. Questo è il mio primo errore. Perché lui mi infila il muso sotto l'ascella e se ne sta lì beato, come se fosse in una comoda tana.

«Ma cosa fa?»

«Gli piaci, Fra. Vedi? Ti ha adottata come nascondiglio.»

«Ma perché si nasconde?» chiede Paolo.

«Be', in quella casa dove sono adesso devo tenerlo nascosto. E lui sta imparando. È un cane molto intelligente.»

«Ma non puoi obbligarlo a vivere nascosto!» esclamo indignata.

«Certo che no. Per questo ho chiesto alla mamma di convincerti a venire.»

«Vuoi dire che non c'è nessun... che non hai il cuore spezzato? Insomma ho rischiato di precipitare solo per venire a prendere il tuo animaletto, che d'un tratto t'accorgi di non poter più tenere?» chiedo, rimettendo il cane nella sacca.

Sono così furiosa che le strapperei le alghe dalla testa e gliele farei mangiare.

«Ma sì che ho il cuore spezzato... Non è stato facile dire a Nick che lo lasciavo.»

«L'hai lasciato tu?»

«Perché, tu come la sai?»

«La mamma ha detto che ti aveva mollata lui. Che dovevo venire a consolarti, che eri a terra e avevi bisogno di me.»

«Ma insomma, avresti preferito che fosse così? Che io fossi qui a piangere dietro a quel patito dei videogiochi?»

«No, avrei preferito che dicessi la verità!»

«Se l'avessi detta, tu non saresti mai venuta.»

«Appunto» dico.

«Scusate, perché non andiamo a mangiare qualcosa?» chiede Paolo. «A volte a stomaco pieno le cose sembrano meno brutte.»

«In effetti ho fame» ammetto. «Però prima devo fare un salto alla toilette. Tienimi il cellulare, per favore. Dovrebbe telefonare la mamma da un momento all'altro. Nel caso rispondi tu, Fede.»

Paolo prende la borsa e il cellulare. Mentre mi allontano sento mia sorella che gli chiede: «Tu non lo vorresti un cane?».

Avete anche voi gli stessi problemi quando andate in bagno nei luoghi pubblici? Come faccio a entrare senza toccare la maniglia della prima porta, quella esterna? Di solito aspetto che arrivi qualcuno e m'infilo subito dietro prima che la porta si richiuda. Sin qui è abbastanza facile. Ma...

...seconda domanda: come si resta in equilibrio senza sedersi, tenendo sollevati i pantaloni affinché non strischino sul pavimento, a una distanza di sicurezza dalla tazza, dalla porta e dalle pareti, in uno spazio che è cinquanta centimetri quadrati? Se uno niente niente ha il naso un po' più lungo della norma è fritto!

E dove cavolo è la manopola dell'acqua?

Un tempo cercavo le manopole e avevano messo pedali in terra. Poi ho iniziato a cercare i pedali e nel frattempo avevano installato fotocellule. Appena mi sono abituata alla fotocellula, zac! Ecco i nuovi rubinetti a leva: su, giù, fa lo stesso. Tanto esce sempre e soltanto un rivoletto d'acqua che sembra la pipì di un folletto. Poca e tiepida. Oggi non ci sono manopole, non c'è pedale, non c'è fotocellula, non c'è leva. Dev'essere una specie di gioco di sopravvivenza. E se provassi a dare testate contro il lavello?

Ultima domanda: quanto mettere nel cestino della signora che sta seduta davanti a un panierino colmo di monete e che appena entri ti pianta gli occhi addosso in maniera assolutamente imbarazzante?

Perché mi scruta?

Why are you staring at me?

Cosa vuole sapere di me e dei miei bisogni fisiologici?

E quanto si aspetta che scucia?

Basteranno un paio di euro? In fondo mi sono trattenuta quindici secondi...

E se, puta caso, non ho monete ma solo banconote da cinquanta euro?

Santo cielo, non voglio il resto in monete toccate da altri clienti appena usciti dal gabinetto!!

Devo assolutamente sgusciar via, senza farmi notare.

Così, piano, piano, strisciando incollata alla parete.

I suoi occhi sono periscopici: mi hanno individuata, anche se sono ancora nascosta dietro l'angolo.

Ed è così umiliante sentire la sua voce che mi saluta mentre sto correndo via, in una fuga verso la libertà...

Raggiungo Paolo e Federica e mi accorgo subito che c'è qualcosa che non va.

«Ha chiamato Giovanni» dice Paolo.

No!

«Chi ha risposto?» chiedo, tremando all'idea della risposta.

«Io» dice Paolo. «Credevo fosse tua madre. Tua sorella proprio in quel momento era occupata col cane...»

«Cosa gli hai detto?»

«Niente. Che eri alla toilette e che saresti arrivata subito.»

«Ti ha chiesto chi eri?»

«Sì. E anche dove eravamo.»

«E naturalmente gli hai detto la verità.»

Ovvio.

Perché avrebbe dovuto dirgli che era Stanlio e che mi aveva rubato il cellulare?

«Ho provato a spiegargli ma lui mi ha interrotto e mi ha detto che ti chiamava tra cinque minuti. Sembrava seccato.»

«Seccato? Come minimo starà progettando di mangiarmi il cranio...»

In quell'attimo il cellulare squilla.

È uno squillo diverso, tipo feroce, tipo "adess-ti-sistem-io".

È lui.

«Francesca?»

«Sì?»

«Sei a Londra?»

«Sì.»

«Ma cosa ci fai? Perché non mi hai detto che partivi?»

«Ma perché torno stasera, sono solo poche ore. Poi ti spiego.»

«Sì, brava, spiega. E quel Paolo cosa ci fa con te?»

«Paolo? Ah, dici Paolo! Sì, poverino, si è offerto di accompagnarmi perché io ho paura di volare da sola...»

«E non potevi chiederlo a me?»

«Ci ho provato, ma hai detto che eri pieno di lavoro.»

«Magari mi sarei liberato. Magari se avessi detto "Giovanni ho un'urgenza, devo assolutamente andare a Londra. Mi accompagni o chiedo a un altro?", sarei venuto.»

«Non volevo disturbarti.»

«E allora hai chiamato il secondo della lista. Così veniva anche meglio: io a lavorare e tu tranquilla col tuo amico a Londra...»

«Senti, non è andata così. Sono venuta da mia sorella perché stava attraversando un brutto momento. Ma poi in realtà era tutta una storia diversa, lei voleva darmi un cane.»

«Che cane?»

«Un cucciolo, un mastino...»

«Sei andata con lui a comprare un cucciolo? Era una cosa che dovevamo fare insieme, io e te. Cos'è, vai a comprare cani con tutti gli uomini che conosci?»

«Ma non l'ho comprato! Ti sto dicendo che l'ha preso mia sorella da qualche parte.»

«Tua sorella era in Irlanda.»

«Adesso è a Londra. E TU MI HAI ROTTO! Non ho fatto niente di male, capito? Non hai nessun diritto di trattarmi così.»

«Benissimo. Ciao.»

«Ciao.»

Paolo e Federica tacciono.

Si sentono in colpa.

In fondo è così che si devono sentire.

È proprio colpa loro. Di tutti e due.

Lei mi ha attirato nella sua trappola.

E lui si è insinuato nella mia vita in maniera subdola.

Non è nemmeno stato capace di inventare una balla con Giovanni. Che ne so, poteva dire che era il fidanzato di Federica e che si chiamava Ron, che era mio cugino ed eravamo a Londra per un'eredità, che era un marziano e mi aveva rapita...

Il cane mi fissa con aria interrogativa.

«Andiamo a Londra» dico, furente.

Paolo si offre di guidare la macchina che mia sorella ha preso a nolo. Ma quando esce dall'aeroporto e supera lo stop, dimentica che qui c'è la guida a sinistra e si infila nella corsia sbagliata. Sento volare nell'aria dei *fucking bastard*, ma lui è così preso da mia sorella che non si accorge di nulla. Per proteggerlo da un eventuale corpo a corpo con i rissosi nativi, non traduco e mi limito a sorridere sventolando il medio fuori dal finestrino.

Non è carino, ma mi rallenta le pulsazioni.

Caro diario,

Londra è un po' come la televisione: giri, giri e trovi sempre qualcosa di inutile da guardare. Ho comprato sei tipi di marmellata confezionata in vasetti di vetro con il coperchio rifasciato in stoffa a quadretti bianchi e lilla. I vasetti erano irresistibili e in fondo quando uno va all'estero porta sempre un regalo alla famiglia e agli amici, no? Per me ho comprato un libro di Terry Pratchett e per Giovanni un cd dei Crowded House. Spero proprio che non sia più arrabbiato.

Forse non avrei dovuto scaldarmi tanto, ma è così sospettoso!

Non mi piace che si dubiti di quello che dico.

Anche se, lo devo ammettere, spesso io stessa ho delle perplessità a mio riguardo...

Alla fine ho preso il cane, ma solo finché Federica non torna in Italia. E questo è il mio secondo errore. Mi sto affezionando a quell'animale.

Siccome non gli permetto di entrare in casa, gli ho preparato una bella cuccia calda in giardino. Ma lui stanotte non ne voleva sapere di stare fuori e continuava a piagnucolare per entrare. Così mi sono sistemata con una sdraio e due coperte in garage e abbiamo dormito tutti e due lì. Ero così stanca che ho dormito come un sasso fino alle nove. Ma è un'esperienza che non voglio ripetere. Non sono mica un cane, io! Pensa che ti ripensa, alla fine ho telefonato alla nonna e le ho detto che forse avevo trovato quello giusto, nemmeno troppo foresto e con la testa sul collo. Lei era così contenta che quando le ho chiesto di tenere il cane per un po', ha accettato. Crede che si tratti di un periodo limitato, per tutto il tempo in cui sarò occupata a preparare il matrimonio... Be', alla fine questa storia si è rivelata utile. Ora devo solo trovare qualcuno che mi sposi e sono a posto.

Giovanni non mi chiama da due giorni.

Ed ecco che di giorno le membra, di notte la mente,
Per tua e mia cagione non sanno trovar quiete...

Leggo i sonetti di Shakespeare e ogni frase sembra scritta per me.

Per tirarmi su il morale decido di andare in spiaggia, che nel periodo estivo è un evento abbastanza ripetitivo nella mia vita.

Ecco cosa metto generalmente nella sacca da mare:

– lettore portatile, cuffie e venti cd (lo so che esiste l'i-pod, ma prima di tutto costa troppo. Seconda cosa è bello avere i tuoi cd intorno a te...)
– quaderno per appunti (nel caso mi venga un'ispirazione letteraria)
– due asciugamani (metti che uno mi scivoli per terra e si sporchi)
– crema protettiva (che non uso mai perché: *a.* tanto non mi scotto e comunque o sono sotto l'ombrellone o sono in acqua; *b.* diciamocelo: spalmarsi la crema è una gran rottura)
– libri di svago (almeno due perché così se finisco quello che sto leggendo ho pronto il secondo)
– saggi politici, o di linguistica, o di neurolinguistica, o altro (che a casa sembrano così interessanti, mi fanno sentire bene, della serie, ecco cose intelligenti che sicuramente nutriranno il tuo sapere)
– shampoo.

Insomma mi carico come se dovessi partire per un lungo viaggio nel paese degli spettri.

Lo so che non ho bisogno di tutta 'sta roba, ma mi dà sicurezza.

Quest'anno non ho ancora scelto le sdraio.

La cosa più difficile all'inizio della stagione è stabilire quale sarà la mappa delle disposizioni in luglio e agosto. Quanti bambini urlanti e schizzasabbia mi circonderanno? Quanti uomini d'affari mi angustieranno ululando nel cellulare dalla mattina alla sera? E quanti giovinastri con mega impianto portatile decideranno di sparare a manetta la loro musica causando maremoti in rada?

La spiaggia, come il treno, è uno di quei posti in cui l'atavico istinto animale prende il sopravvento e a nulla valgono gli insegnamenti evangelici tipo "ama il prossimo tuo come te stesso".

Non potendo rilasciare gocce di pipì intorno alla zona per segnare il mio territorio, dispongo strategicamente gli oggetti.

Di solito scelgo postazioni tattiche, estreme e angolari. Zone poco ambite, meno panoramiche delle altre, persino scomode, pur di limitare a monosillabi e cenni del capo il grosso della conversazione col resto del mondo.

Dev'essere la combinazione di iodio e sole.

Mi rende abulica verso gli altri e piena di attenzioni verso me stessa: voglio sentire solo le onde, indugiare in pensieri oziosi, dormicchiare e restare distesa.

Questa è l'essenza ideale della giornata in spiaggia.

E a dispetto di tutte le cose che ho da leggere, non faccio nemmeno il gesto di allungare un dito verso i miei papiri.

I thriller sono *hardcover* e tenerli in mano pesa un casino.

Gli altri libri hanno titoli assurdi tipo *Modern criticism and theory*, *Fondamenti della Semeiotica*, *Second language research*...

Come mai li possiedo?

Chi li ha comprati?

Non posso essere stata io!!

Comunque sono lì che me la godo, perché in giugno alle dieci di mattina in spiaggia si sta da dio. Sola, rilassata, sdraiata sul lettino più isolato che ho trovato...

... quando il mio istinto lo avverte.

Apro gli occhi, mi volto e lo vedo.

A due metri di distanza da me.

Indossa boxer a disegni di piante tropicali, su base verde fluo.

A giudicare da come si spalma il torace di crema deve essere bello pieno di energia.

Capta il mio sguardo e si affretta a sorridermi.

Uno di quei sorrisi che dicono: "Ora sono occupato, devo spalmare la crema, mettere in fresco i meloni e piegare i calzini, ma non preoccuparti, ci metto poco e poi sono da te a socializzare..."

Sul lettino a fianco ha già sistemato la radio formato baule.

Non vedo cuffie.

Quindi è così che andrà!

Dovrò soffrire.

Certo, potrei chiedere uno spostamento di lettino...

Ma so come vanno queste cose, la sorte si burlerebbe di me e probabilmente finirei vicino a un pensionato in tanga che mi strizza l'occhio.

Non voglio correre questo rischio.

"È giusto," dico a me stessa "è una lezione di pazienza, umiltà e tolleranza. Così impari, brutta asociale, egoista, prevenuta che non sei altro."

Poi tiro fuori il blocco degli appunti e inizio a scrivere.

LE AVVENTURE DELL'INVESTIGATORE PLINSKI
(I episodio)

La febbre del sabato sera

È sabato notte e sei in compagnia di Moses Raid, lottatore di sumo, e Ralph Todder, proprietario di una collanina.

Moses e Ralph vogliono trascinarti a Il bullo, *un tempo locale di grido, oggi luogo equivoco frequentato da gente di ogni risma, per lo più palombari.*

Ne faresti a meno, ma Moses è davvero smanioso e tu non vuoi deluderlo.

Entrate e Ralph si ferma al banco per la consumazione. Tu e Moses vi date un'occhiata in giro. Ci sono un sacco di ballerini di flamenco e Moses si lancia in pista con coraggio. A dispetto dell'ampio punto vita, devi riconoscere che sa come muoversi. A un tratto, tuttavia, sbaglia una piroetta e va a sbattere contro Jack Palance, boss della mala.

Il tuo sesto senso ti fa scattare nella loro direzione come una molla, ma purtroppo non così velocemente da impedire che Palance – unico uomo al mondo a possedere ancora tutti i denti da latte – colpisca Moses con il pesante medaglione di ardesia che tiene al collo. Moses cade a terra.

Tu allora sferri a Palance un potente Ushiro geri, *che lo fa barcollare. I suoi uomini ti circondano. Mentre uno di loro tenta di afferrarti con le zampe di gallina che ha sotto gli occhi, estrai la pistola e la punti alla tempia di Palance.*

Palance fa un cenno ai suoi uomini, che si allontanano. Poi dichiara chiuso l'incidente e vi offre da bere.

È tutto finito e tu tiri un sospiro di sollievo.

Raggiungete Ralph, che, ignaro dell'accaduto, corteggia proprio Michelle Palance, sorella e fratello di Jack.

Michelle ti sorride e mette in mostra più denti di quanti tu e Ralph insieme abbiate mai posseduto. Che mistero è mai quello?

Vorresti andare a casa, ma i Palance vi invitano al loro tavolo.

Con una scusa ti allontani un minuto e vai a telefonare a Rod, il tuo amico che lavora alla sezione archivi della centrale di polizia.

Rod ti legge la scheda di Palance e scopri che è inquisito per traffico di droghe alimentari, pepe e cannella, ma occasionalmente anche spezie leggere. Palance stesso fa uso smodato di pinzimonio. Non ci sono tuttavia grossi elementi per incastrarlo.

Più complessa la situazione di Michelle Palance, nata a Miami nel 1964, segno zodiacale Triglia, proprietaria del Bullo, *nel 2001 è stata eletta per errore "*UOMO DELL'ANNO*" dalla rivista «Pippo».*

C'è qualcosa che non va, ti dici, mentre ti avvii al tavolo. In tua attesa hanno ordinato lastroni di croccante e sono tutti avidamente occupati a sgranocchiare.

Michelle ti offre metà della sua porzione, ma tu rifiuti. Non ti fidi.

E fai bene. Dopo neanche un minuto Ralph e Moses si precipitano in bagno tenendosi per mano. Tu resti solo con i due Palance e percepisci grande tensione.

Jack ovviamente non perdona alla sorella di avere i denti che sarebbero stati suoi.

Durante la conversazione lui l'accusa di sciattoneria e lei scatta in piedi per lasciare il tavolo, ma tu sei costretto a bloccarla.

Ti dispiace doverli incastrare, dici, mentre vedi avvici-

narsi l'ispettore Druidan, ma il corpo del reato è lì, sotto i tuoi occhi, abilmente camuffato in croccante.

Tornati dalla toilette i tuoi amici sono finalmente pronti ad accompagnarti a casa.

Ma nel frattempo Il bullo *ha iniziato a piacerti. Una femmina esplosiva ti sta divorando con gli occhi: è Connie, una bambola gonfiabile, con la quale i clienti più sfigati del locale possono scambiare quattro chiacchiere. Tu però non lo sai ancora. Ti lanci in pista e, sorridendole sensualmente, inizi a ballare...*

Talia, Ginevra e Sara sono di nuovo a casa mia per la solita pizza & cassetta.

Sara mi sventola il quotidiano sotto il naso.

«Lo hanno smascherato, Francesca. Che tu ci creda o no quel suo centro non era altro che una copertura per attività illecite, tra cui sfruttamento di prostituzione, spaccio e altre cose del genere.»

Ascolto Sara che mi parla e guardo le foto sul giornale, ma non riesco a mettere a fuoco.

«Stai parlando del nostro Scott?» chiedo, tristissima. «Quello che ci doveva accompagnare nel cammino verso la gioia?»

«Proprio di lui. E vedi questo tipo qui? Lo riconosci?»

Sta indicandomi Omone, il tipo col calzino bucato.

«Ma allora quella scena che non riusciva a smuovere Scott di un millimetro... ci hanno preso in giro?»

Sara sospira.

«Non è possibile! Mi sembrava di essere in formissima da quando seguivo le sedute» dico.

«Ne abbiamo fatta soltanto una...» risponde Sara.

«Magari aveva un'energia positiva pazzesca» dice Talia. «Magari è una specie di guru e lui non lo sa...»

«Sì, proprio! Non ci posso credere» dico. «Ho messo la mia vita spirituale nelle mani di un pappone...»

«Ginevra,» aggiungo «avrò bisogno del numero di quello psicologo, quello per cui lavoravi...»

«E a cosa ti serve uno psicologo? Ti succhia un sacco di soldi per dirti le stesse cose che potrei dirti io... Mi sono bastati tre mesi da segretaria per imparare le cose fondamentali. Sai che molti dei suoi pazienti avevano preso l'abitudine di arrivare mezz'ora prima per parlare con me? Se vuoi più tardi ti faccio una seduta...»

«Oh, grazie» dico. «In realtà stavo scherzando, lo sai che non credo molto nella psicoterapia perché...»

Ma loro sono già lì a scegliere la videocassetta da mettere.

Ehi, ma non c'è nessuno che mi ascolta qui?

«Okay, mettiamo questa» dice Ginevra.

Uno dei nostri film preferiti, *L'amore ha due facce*, con Barbra Streisand e Jeff Bridges. Dove lei fa la parte di un'insegnante simpatica, colta, ma un po' sfigata fisicamente, e lui è un professore bonazzo che se la sposa ma non si concede, perché crede che il sesso rovini tutto. Il film è basato su un quiz da risolvere: quale strategia usare per convincerlo a togliersi i pantaloni?

Alla fine abbiamo tutte lo sguardo sognante e l'aria un po' brilla.

Sara si volta a guardarmi e chiede: «Secondo te fino a che punto ci si può *spingere* con un uomo?».

«A cosa ti riferisci esattamente, Sara?»

«Be', io e Walter ci intendiamo benissimo, ma...» dice Sara.

«Ha fatto voto di castità?» domanda Ginevra.

«No, a lui piace che io prepari un po' l'atmosfera. Capite?»

«No» dico.

«Spogliarelli, musica soft, danza del ventre, cose di questo tipo.»

«Tu sai fare la danza del ventre?» chiedo incredula.

«Non ci vuole niente. Sali sul tavolo e inizi a ruotare il bacino a tempo di musica. L'ho visto fare un sacco di volte al cinema...»

«E a lui piace?» domanda Ginevra.

«Certo» risponde Sara, quasi risentita che si possa dubitarne.

«Sara, la missionaria! Chi l'avrebbe mai detto?» esclama Talia. «Devi darci lezioni.»

«Be', è facile... cioè, abbastanza facile..., ecco, sì solo la prima volta c'è stato un piccolo incidente, ma ora sto attenta e le cose filano benissimo.»

«Che tipo d'incidente?» chiedo incuriosita.

«Ero su quel tavolo che mi contorcevo e intanto lanciavo i vestiti per aria. E quando ho tirato le scarpe, una ha colpito Walter sulla fronte... Proprio col tacco, poverino! Ha sentito un male!»

Forse siamo tre amiche senza cuore, ma a quelle parole scoppiamo a ridere come matte.

«Non ci posso credere!» dico. «Lui è lì a bocca aperta che segue lo spettacolo in estasi, e tu lo accoppi con una scarpa in testa?»

«Non c'è niente da ridere. Gli è rimasto un bozzo enorme sulla fronte... Comunque non avete risposto alla mia domanda iniziale.»

«L'importante è volersi bene, no?» dice Ginevra.

Ci voltiamo tutte e tre a guardarla.

«Caspita! Da quando Ginevra ha il suo Lancillotto, è diventata molto più romantica, non trovate?» dice Talia.

«Se ti riferisci al gemello, è già finito tutto.»

«Oh, mi dispiace!» dico.

«A me per niente. Il benzinaio si è fatto avanti.»

«Davvero?» chiediamo incuriosite.

«Proprio oggi mi ha chiesto la ricetta di un sugo. Una scusa patetica, no? Poteva chiederla a chiunque. Comunque il ghiaccio è rotto. Domani gli porto il mio libro di ricette.»

«E Giovanni?» chiede Sara.

«Non ci siamo ancora visti da quando è successo il fatto di Londra...»

«Perché non lo chiami?»

«Ma sì, certo che lo chiamo... devo solo trovare il coraggio.»

«Perché non vai da lui adesso?» insiste Sara.

«Stasera no, i suoi festeggiano un anniversario e sono nella casa che hanno qui in Riviera. Invitati, torte, applausi... Non è il caso.»

«La vita per noi donne è un casino» butta lì Talia. Ma lo dice con un tono totalmente indifferente e noi tre sappiamo che lo fa solo per solidarietà nei nostri confronti, che in realtà lei sta benone.

«In effetti proprio stamattina ho scoperto una cosa che mi ha fatto stare malissimo» dice Ginevra.

Sembra molto spaventata.

Dio, non avrà mica qualche brutta malattia?

«Cosa?» chiedo, preoccupata.

Ginevra esita.

Poi si fa coraggio.

«Un pelo» dice.

«Un pelo?» ripetiamo in coro Sara, Talia e io.

«Sì, un pelo bianco» spiega piena d'angoscia.

Che sollievo, si tratta solo di peli!

«Embé?» chiede Talia.

«Proprio qui!» aggiunge Ginevra indicandoci il dove con un tono di voce semi-isterico.

«Tranquillizzati, vendono barbette posticce di tutti i colori» dico, strizzandole l'occhio.

«Carogna! Vedrai quando toccherà a te! È un colpo al cuore, sai?»

«Ma cosa stai dicendo? Ormai ci sono prodotti fantastici per le tinture dei peli» interviene Talia. «In venti minuti hai risolto tutto.»

«Dici?» chiede Ginevra dubbiosa.

«Ma certo! E poi, scusa, non potevi strapparlo? Tanto se è uno solo.»

«L'ho fatto, ma non potrò mica continuare a strappare peli in eterno, no? Se ne arrivano altri?»

«Quasi quasi farei quella seduta» dico per distoglierla dal suo problema. «Hai voglia?»

«Certo. Voi però dovete andare in un'altra stanza» dice rivolta a Talia e Sara.

«Io vado via» dice Sara. «Devo vedere Walter.»

«Io invece sono stanchissima, penso che andrò a dormire» dice Talia.

Così ci salutano ed escono.

«Okay, tanto per cominciare mettiti comoda» dice Ginevra.

«Va bene qui sulla mia poltrona?»

«Benissimo. Sta bene attenta, ora: come diceva Freud l'autocomprensione è la strada per la soluzione del problema. Se tu capisci perché ti comporti da folle, forse guarirai.»

«Ma io non mi comporto da folle!»

«Silenzio! Sono io che conduco. Prendiamo per esempio questa tua mania di comprarti un cane. È palesemente in contrasto con la tua repulsione per gli animali.»

«Sto iniziando a guarire, non mi fanno più così schifo. Non tutti.»

«Ti renderai conto che il comportamento nevrotico a volte interviene quando la persona non accetta un lato del proprio carattere. Tu ami le bestie, ma pensi di non doverle amare, non so dirti perché. Così diventi fobica verso gli animali.»

«C'è anche la soluzione?»

«Credo di sì. Ma devo legarti alla poltrona. Hai delle corde?»

«Penso di essere guarita» dico, schizzando in piedi. «Mi sento già meglio.»

«Stai seduta. Ti fidi di me, no?»

«No, in effetti.»

«Dove tieni le corde?»

«Nello stanzino c'è lo spaghetto per i pacchetti natalizi.»

E così mi faccio legare alla poltrona. In fondo conosco Ginevra da tanti anni. Perché non dovrei darle fiducia?

«Ora tu stattene lì legata sulla poltrona. Io torno subito.»

Ginevra spegne le luci e sparisce.

A un tratto da dietro il divano sbuca qualcosa di grosso e peloso che mi si lancia addosso abbaiando.

«Aiutoooo!» grido.

Ginevra accende le luci e si toglie il plaid dalla testa.

«Che cavolo fai? Vuoi farmi morire di paura?» le urlo, ancora sconvolta dallo spavento.

«Non so, mi era venuta 'st'idea che forse avessi subito uno shock e che magari con un altro spavento le cose tornavano a posto...»

«Non ho il singhiozzo, Ginevra. E non ho nessun problema, in realtà. Slegami, mi sto innervosendo.»

«Okay, ti slego, subito. Però prima riproviamo un'altra volta. Tanto adesso lo sai che sono io, non ti spaventi più...»

Ginevra richiude la luce e di nuovo sparisce.

Questa volta sbuca da dietro la porta.

«Bauu» grida e di nuovo mi si lancia addosso.

«Basta, è assurdo, smettila» dico, ridendo.

Di colpo si accendono le luci e una voce alle mie spalle grida: «Non ti muovere! Polizia!».

Ginevra lascia scivolare la coperta in terra e si alza lentamente sollevando in alto le braccia in segno di resa.

Uno dei due poliziotti si precipita a slegarmi, mentre l'altro continua a tenere Ginevra sotto tiro.

«Ma... ma chi vi ha chiamato?» chiedo.

«Una ragazzina l'ha vista dalla finestra legata su una poltrona e ha telefonato subito. È una fortuna che stessimo passando da queste parti...»

«Be', c'è un errore. Abbassi la pistola, per favore. Questa è la mia amica Ginevra. Stavamo provando una... una parte della commedia che ho scritto io...»

I poliziotti sembrano sconcertati.

«Dio! Ma come siete entrati?»

«Le finestre sono aperte» rispondono.

Poi chiamano la centrale e spiegano che si è trattato di un falso allarme.

«Scusate per lo spavento» dicono, prima di uscire. «Possiamo fare qualcosa per voi?»

Credo di capire a che tipo di cosa si riferiscono.

«Be', andiamo a prendere un caffè» dice Ginevra allegramente.

Da come si muove e dalla luce che le è apparsa improvvisamente negli occhi capisco che uno dei due le piace. Forse tutti e due...

«Io non vengo, sono stanca. Ma voi andate pure» dico.

Non me la sento proprio di seguirli.
È stata una serata pesante.
E poi ho preso una decisione.
Ma devo sbrigarmi.

Alle dieci e trenta, dopo essermi lavata, asciugata e rivestita a razzo, salgo in macchina.
Di solito sono gli uomini che vanno a tirare sassolini contro i vetri della finestra della loro amata.
Ma ormai siamo in un'epoca dove ciascuno sceglie il ruolo che vuole interpretare, no?
Prendo l'autostrada così evito le code del sabato sera. Non ho un lettore di cd in macchina, così sento Louis Armstrong ed Ella Fitzgerald dal lettore a pile che ho sul sedile.
Sono così rassicuranti.
Come le palline di Natale sull'albero.
O i biscotti Plasmon.
O un buon libro sul comodino.
The love is here to stay...
Alle undici in punto arrivo davanti alla casa dei genitori di Giovanni.
Le finestre sono buie e non si sentono rumoreggiamenti festosi provenire dall'interno.
Che siano già andati a dormire?
Non è possibile, la cena iniziava alle nove!
Comunque mi avvicino cauta e mi inchino per raccogliere qualche sassolino. Niente. Non ci sono sassolini. Solo terra, erba, asfalto e grosse pietre grigie a delimitare il vialetto.
Ma dov'è finita tutta la bella ghiaia di un tempo?
Frugo nella borsa e tiro fuori una scatoletta di graffette.
Ho solo una perplessità.

Ci sono sei finestre al piano superiore. Una la escludo perché è lunga e stretta ed è sicuramente la finestrella del bagno. Ma come faccio a sapere qual è la camera di Giovanni?

Andrò per tentativi. Se si affaccia qualcun altro, resto nascosta dietro la siepe di alloro.

Vado.

I primi tre lanci fanno cilecca: sbaglio la mira e colpisco il muro della casa.

Forse le graffette sono troppo leggere. Così ne aggancio due insieme e lancio i miei piccoli razzi metallicci a coppie.

Che è molto meglio.

Dopo una decina di graffettate alla prima finestra, decido di passare alla seconda.

Preparo le mie pallottole e tiro, ma neanche questa volta ci sono esiti.

E se lanciassi le penne?

Ne ho quattro o cinque in borsa, ma mi spiace un po' disfarmi di tutta la mia cancelleria...

Vabbe', magari una sola.

Lancio una Papermate cancellabile contro la terza finestra.

Il suono contro il vetro è forte e secco, tanto che per un secondo ho paura di aver rotto il vetro. La porta di casa si apre ed è troppo tardi per schizzare dietro la siepe.

«Cerca qualcuno?»

Mi giro col cuore in gola e vedo una signora anziana, con i capelli permanentati bianco-azzurrini che mi sorride.

«Oh, salve! Sto cercando Giovanni Centi... il figlio.»

Per l'imbarazzo balbetto, ma lei sembra non farci caso.

«Be', lo credo bene!» risponde ridacchiando. «Non ce la vedrei con quel trombone di suo padre.»

«Li conosce?»

«Sì, sono la nonna di Giovanni. Adesso non sono in casa. Mio figlio e mia nuora stanno festeggiando l'anniversario di nozze in un locale poco lontano da qui. Io li raggiungo per il brindisi con il dolce. Vuole venire con me?»

«No, no... non me la sento di entrare in un locale pieno di gente. Forse potrei accompagnarla e lei potrebbe chiedere a Giovanni di uscire un attimo a parlarmi.»

«Ma sicuro. Venga.»

Ma allora la fatina di Cenerentola esiste!

Arriviamo al locale, che come aveva detto la nonna di Giovanni è veramente a due minuti di distanza, e la prima cosa che vedo attraverso l'ampia vetrata è Giovanni che chiacchiera con aria beata con qualcuno.

Non qualcuno col sigaro e la barbetta.

Qualcuno coi tacchi a spillo, la gonna corta e i capelli biondi.

Qualcuno che proprio adesso sta appoggiando una mano sulla spalla a Giovanni e gli parla tenendo il capo reclinato da un lato.

Non ci vuole un esperto in gestualità per capire che la testa reclinata è un sinonimo di "Miiii... quantomepiaciii!"

Sono un'idiota.

Cosa ci faccio qui, per di più con i sandali infradito ai piedi?

«Senta» dico rivolta alla nonna di Giovanni. «Mi è venuto in mente che ho parcheggiato in sosta vietata. Torno tra un attimo, ma lei non dica niente a Giovanni. Magari gli faccio una sorpresa...»

«Va bene» risponde lei. Poi si avvia.

E io mi dileguo.

Sola e disperata, nel buio della notte.

Ecco perché non mi chiamava, il bastardo.

La sfuriata per telefono era tutta una scena.

Non gli sarà sembrato vero!

Mi libero di te e delle tue merendine multicaloriche, deve aver pensato mentre si annaffiava il petto di parfum.

Scrivi, scrivi! Che io devo uscire la sera. Da solo... eh, eh!

Una lacrima mi rotola sul naso e ripenso al mio adorato Leopardi.

Tornami a mente il dì che la battaglia
D'amor sentii la prima volta, e dissi:
Oimé, se quest'è amor come travaglia.

Dio quanto amo questi versi.

Leopardi è stato in assoluto il più grande di tutti i poeti.

E ha sempre avuto ragione su tutto!

La vita è nulla...

Salgo in macchina, metto in moto e mi allontano.

Dopo due secondi, mi squilla il cellulare.

È lui.

«Si può sapere dove sei?» chiede.

«Perché? Cosa te ne frega?»

«Hai detto a mia nonna che volevi parlarmi.»

«Tua nonna non ha capito niente... comunque sto andando via. Ormai è tardi».

«Come vuoi.»

Poi butta giù.

Visto?

Non mi ha supplicato di tornare da lui.

Non si è strappato le basette dalla disperazione.

Tanto c'è tutto un pianeta di donne da passare in rassegna, no?

Tolgo il cd di Ella e Louis e ne metto uno di Norah Jones.

Così riesco a piangere meglio.

La mia vita è un disastro.

Io, sono un disastro.

Ho paura dei cani, dell'aereo, dell'ascensore, degli svincoli autostradali...

Ho persino paura delle lumache.

Ehi, e adesso chi è quel cretino che mi lampeggia?

Ma tu guarda! Se vuoi suicidarti accomodati, idiota...

Ma cosa sta facendo?

Ce l'ha proprio con me!

Deve avermi scambiata per qualcun altro.

O forse è ubriaco.

Ripenso a quel vecchio film, *Duel*, e mi rendo conto che è così. Sono in pericolo!

Chiunque sia lo squilibrato che mi sta inseguendo, non ha intenzioni pacifiche.

In preda al panico premo sull'acceleratore, ma il mio inseguitore non mi molla. Si affianca e grida: «Ti vuoi fermare, sì o no?».

Ma è Giovanni!

Santo cielo, perché mi rincorreva a quel modo?

Va bene, adesso accosto e scendo.

Lui fa altrettanto.

«Mi volevi ammazzare?» chiedo, ancora tutta agitata.

«Ma cosa stai dicendo? Sono dieci minuti che ti faccio segno di fermarti.»

«E chi ti riconosce al buio, di notte, su una macchina che non ho mai visto... Comunque ora mi sono fermata. Cosa vuoi?»

«Cosa vuoi tu, semmai. Sei venuta a tirare sassi contro le mie finestre, hai detto a mia nonna che volevi parlarmi, l'hai accompagnata al ristorante e poi sei fuggita senza dirmi una parola.»

«Non erano sassi, erano graffette... e poi tu eri con una.»

«E ti pareva che non arrivassi proprio nell'attimo in cui ero con una... Sì, vabbe', ero con una, una che non era nessuno» dice con tono risentito. «E tu eri con uno, no? Così siamo pari.»

«Io non ero con nessuno. Sono solo andata a Londra perché mia madre me l'ha chiesto, dovevo vedere mia sorella e Paolo si è offerto di accompagnarmi. Ma quando parlavamo, lui non teneva la testa reclinata di lato e una mano sulla mia spalla!» sbraito.

«Capisco, ti dispiace che non lo abbia fatto!» replica lui acidissimo.

«Sai una cosa?» dico con la voce che trema. «Io ti odio come non ho mai odiato nessuno. Anzi, dirò di più, non avevo mai odiato nessuno, prima. Ma ora odio te.»

Poi mi volto per andare alla macchina.

Perché sto per mettermi di nuovo a piangere e non voglio che mi veda.

La mattina dopo mi alzo con mal di testa, occhi gonfi e morale da cane bastonato.

Nella testa un mantra leopardiano.

Pene tu spargi a larga mano...

Ma quando mi guardo allo specchio, scopro due inquietanti verità.

La prima è che nella veste dell'innamorata triste non sono credibile. Non perché io stia fingendo o non provi strazio, ma perché i miei tratti somatici hanno qualcosa di allegro, a prescindere dal mio stato d'animo.

La seconda è che ho il naso più grosso di ieri.

Prendo il centimetro che tengo sulla scrivania e corro allo specchio del bagno a misurarmi il naso.

Prima di impugnare il nastro faccio una piccola preghiera.

Ti prego, Dio, fa' che il mio naso sia lungo come ieri.

Da qualche parte nella mia mente fiorisce una domanda:

Saresti disposta ad accettare un centimetro di naso in più, in cambio di Giovanni?

Cristo! La domanda mi dà il panico.

Per un attimo vedo me e Giovanni impegnati in un avido scambio di effusioni. Lui bello come sempre, io col naso di Pinocchio.

E così lo tradisco.

Come fece Giuda con Gesù. Lui per qualche moneta d'oro, io per vanità.

No, rispondo, lasciami il mio naso. Ti prego.

Quindi è questa la verità!

Lo amo così poco?

Uffa, ma perché dovrei mutare aspetto per avere il mio pezzo di felicità? *Perché la felicità tanto lesini?* per dirla come Emily Dickinson.

Poi passo alle misurazioni e tiro un sospiro di sollievo.

Il mio naso è lo stesso di sempre...

«Cosa stai facendo? Ti misuri il naso?» grida una voce alle mie spalle.

Dalla paura lancio un urlo.

Poi vedo che è Vasco, in piedi davanti alla finestra del bagno, che ancora una volta ho dimenticato di chiudere.

«Mi hai spaventata» dico irritata. «Non puoi bussare normalmente alla porta? Perché dovete tutti venire ad affacciarvi nel mio bagno?»

«Scusa, ti ho portato la focaccia e il giornale.»
«Ho già fatto colazione» dico, pentita del modo brusco con cui l'ho accolto.
«Grazie, comunque. Vuoi entrare?»
«No, passo stasera. Ti devo chiedere un favore. Adesso sono di turno. Ma perché ti misuravi il naso?»
Alzo le spalle con indifferenza come se fosse un fatto di nessuna importanza.
Poi lui se ne va e io prendo una decisione.
Farò come Rossella O'Hara.
Ai guai penserò un'altra volta.
Nel frattempo mi getterò in attività creative che forse mi distrarranno e forse mi aiuteranno a capire qualcosa di me.
1) Chi sono.
2) Cosa voglio.
3) Perché il mio giardino ha sempre un aspetto miserabile.
Le cose possono cambiare, no?
Non siamo forse gli artefici del nostro destino?
Taglierò l'erba, arerò e pianterò fiori di semplice bellezza.
Mi godrò la frescura della sera circondata dal profumo del gelsomino e delle rose.
E se un giorno Giovanni passerà da queste parti con la baldanza di un principe, vedrà che non mi sono ritirata in clausura, che non ho lasciato crescere rovi e ortiche a imprigionare la cadente dimora...
Con un sentimento a metà tra lo stupore e il dispetto intuirà che sto attraversando un periodo di serenità ed equilibrio.
Quale anima infelice, infatti, avrebbe tempo e voglia di trasformare il vecchio campo di erbacce in un'oasi tanto armoniosa?

Anche la casa ha bisogno di energia nuova.

Butterò tutto il vecchiume che rappresenta il passato e ricomincerò da uno stile che mi rappresenti. Stencil alle pareti, mobili rustici fatti da me, tendoni vaporosi, colorati come i chakra.

Ho qui tutte le mie riviste: «Creando», «Il tuo angolo», «Idee»...

È incredibile quante cose si possano fare con un po' di colla e due chiodini.

E avete fatto caso a quanti tipi diversi di candele esistano?

È strano se ci pensi. Ho girato un intero pomeriggio senza riuscire a trovare un paio di scarpe che non avessero la punta a baionetta, ma ho a mia disposizione qualunque tipo di candela io possa desiderare! Coniche, a stella, a losanga. Talune copiano elementi del mondo naturale, altre, più imbarazzanti, ricordano parti anatomiche del corpo umano.

È quasi perversa la fantasia che partorisce a ogni stagione tutte queste bizzarre candele. Al caffè! Con i chicchi incastonati che ricordano una colonia di coleotteri. Alla brezza di mare! Con le povere stelle marine imprigionate in modo macabro nella cera.

Perché?

Voglio dire, chi l'ha detto che l'acquirente di candele sia più esigente di chi si compra un paio di stivali?

Comunque io ho finito per comprare le scarpe a muso di pescespada. Che per una che porta il quaranta non sono il massimo, diciamocelo. Tra l'altro quando sono seduta in treno devo stare con le punte dei piedi voltate all'esterno per non ferire inavvertitamente chi mi siede di fronte.

Ma torniamo alle riviste. Qui leggo che non c'è niente di più stimolante del "gioco del recupero".

Mi fanno impazzire quando scrivono "*...chi di voi non ha in cantina un vecchio tavolino rovinato o una sedia rotta?*"

Si dà il caso che io non ce l'abbia. E nemmeno le mie amiche, alle quali ho telefonato per verificare, e nemmeno mia madre, che ha una cantina perfettamente in ordine, praticamente vuota.

Okay, passiamo oltre.

"*Vesti coi colori dell'estate il vecchio paravento!*"

Che peccato! Io non ho mai avuto un paravento. Mi sarebbe piaciuto vestirlo con la stoffa bianca a fiorellini rossi, un po' come facevo con le bambole da piccola.

Ma dove vado a pescarlo?

Comunque ci sono tante altre cose fantastiche da fare. Ne troverò sicuramente altre che mi siano congeniali. Potrei persino specializzarmi in qualcuno di questi lavori creativi e aprire un negozio. No, un momento. Negozio suona banale. Bottega è il termine giusto, come ai tempi del Verrocchio o del Perugino.

La Bottega dei Paraventi...

Non suona male, ci farò un pensierino.

Vediamo il resto.

"*Specchi e cornici tempestati di madreperla.*"

Sembra facile. In fondo si tratta di incollare un po' di bottoncini e anche se non possiedo nessuna vecchia scatola di vecchi bottoni, potrei comprarli...

Il fatto è che a giudicare dalla foto me ne occorreranno almeno un centinaio. Avete idea di quanto possano costare cento bottoni in madreperla?

Eccolo! Ci sono!

Voglio questo letto.

"*...chiunque può realizzarlo. Avete bisogno di pochi attrezzi e tanta voglia di giocare.*"

Ora prendo carta e penna, scrivo quello che serve e poi mi costruisco il nuovo letto.

1. Assi di quercia lunghe 250 cm e larghe 15 cm
2. Colla da legno
3. Carta, matita, forbici
4. Carta vetro
5. Seghetti
6. Tintura acrilica
7. Cera per mobili
8. Pennelli
9. Assicelle di legno lunghe 150 cm, 15 cm di spessore

Carta, matita e forbici le ho già.

Devo solo recuperare le altre cose e il gioco è fatto.

Fatto.

Sono le otto di sera e in giardino ho accatastato una montagna di roba. Domani metterò i cartelli come fanno all'estero e venderò alcune di queste cose agli amici o ai passanti. Coi soldi comprerò tosaerba, semi, concime, zappe, pennelli, vernici e legno. Sono piena di euforia e me ne sto fuori perché dentro non c'è rimasto quasi niente ed è un po' triste.

Tipo dopo un pignoramento.

Dopo un po' arriva Vasco con due pizze e mi chiede se sto traslocando.

«No, solo un po' di pulizia.»

«Brava. Ce n'era bisogno» commenta.

Ci resto male. Cosa intende dire?

«In che senso?» domando.

«Boh, non so» dice lui. Fa un gesto vago con la mano per indicare la mia roba.

«Un sacco di cose inutili, no?»

Solleva un dipinto con l'autoritratto di Van Gogh.

«Questo l'hai fatto tu?»
Annuisco.
«È un paradosso, te ne rendi conto?»
«Perché?»
«Ma perché è un autoritratto. Solo che non l'ha fatto lui, ma tu...»
«A me piace.»
Mi fissa serio.
«Allora perché te ne vuoi liberare?»
«Chi ha detto che me ne voglio liberare? E poi devi per forza usare questo verbo? Ho voglia di apportare cambiamenti...»
«Andiamo dentro che la pizza diventa fredda» dice.
Mangiamo parlando del più e del meno.
Poi finalmente viene al dunque.
«Domani sera esco con la tua amica Ginevra.»
Non è possibile! Ce l'ha fatta!
«Vasco!» esclamo. «Mi fa piacere!»
È vero. Ginevra e Vasco sarebbero una coppia perfetta. Sono così belli tutti e due.
«È solo un appuntamento...»
«Perché lo dici con quel tono?»
«Be', vedi... per la prima volta esco con una donna che mi fa un po' paura.»
«Non capisco, non ce n'è motivo.»
In realtà capisco benissimo.
Ginevra è una persona molto sicura di sé, molto attraente, con plotoni di uomini pronti a cadere ai suoi piedi...
«Mi chiedevo che tipo di approccio... be', lasciamo perdere.»
Si accende una sigaretta e inizia a fumare con grandi tirate. Non me la sento di ricordargli che non mi piace che mi fumino in casa.

Così apro la finestra del salotto e inizio a sparecchiare.

Già, che tipo di approccio?

Di colpo ho un'idea.

«Proviamo, dài! Io faccio Ginevra e tu fai Vasco.»

«Mi riesce bene, di solito» dice ironico.

«Insomma, mi fai una serie di approcci e alla fine ti dico quello che funziona meglio. Dove andate?»

«Pensavo di portarla al cinema.»

«Okay. Allora sediamoci qui sul divano. Ora spengo le luci e accendo il televisore... sai già di che film si tratta?»

«Le piacciono i cartoni animati della Disney?»

«Tipo *Pocahontas*?»

«Tipo *Nemo*.»

«Assolutamente no. Non è il suo genere...»

«Meglio. Non vorrei che il film la prendesse troppo. E comunque il cinema è un pretesto, no?»

«Vabbe'. Mettiamo il canale dei cartoni e tu fingi che io sia lei.»

Vasco mi mette un braccio attorno alle spalle e con le dita mi sfiora il collo.

«Ma sei stupido? Cosa fai?»

«Non va bene?»

«Con lei sì, ma con me non lo devi fare.»

«Okay, scusa... Credevo che...»

«Lascia perdere. Ascoltami, a lei piacciono molto i complimenti. Ci sballa proprio. Devi lavorare su 'sta cosa. Dài, prova.»

«Cosa devo dire?»

«Dimmi che la curva del mio collo è perfetta, che ho dei capelli morbidi, che ho un colore di occhi incredibile... Ma te lo devo spiegare io?»

«Okay, concentrazione.»

Per qualche minuto se ne sta zitto e io credo che stia meditando sulle cose da dire. Poi inizia a ridacchiare e capisco che sta seguendo la storia di Bunny alla televisione.

«Vedi che coi cartoni non funziona?» dico.

«Ma no. È la tecnica del "ti tengo sulle spine".»

«Aaah! Okay, andiamo avanti.»

Vasco si gira lentamente e avvicina il volto ai miei capelli e inspira in estasi.

«Non ho mai sentito un profumo così buono nei capelli di una donna...»

«E in quelli di un uomo?» chiedo.

«Così non mi aiuti, smettila» dice lui.

«Va bene, scusa. Ricomincia.»

«La curva del tuo seno è perfetta» dice con la voce agonizzante, come se stesse per morire...

«Non vorrai veramente dire così?» chiedo allibita.

«Così cosa?» domanda Vasco.

«Parlare del seno... Io ti avevo suggerito collo.»

«Un uomo non guarda la curva del collo.»

Sì, probabilmente ha ragione.

«Ma una donna ha bisogno di credere che invece la guardi. Una donna che ha poco seno magari si consola pensando di avere un bel collo. Una che ha il culo grosso punta sui bei capelli...»

«Io punterei sul culo grosso. A certi uomini piace.»

«Dio, Vasco!»

«Okay. Ricomincio...»

Con la punta delle dita mi sfiora i capelli e chiude gli occhi.

«Sai che hai una curva del collo perfetta?» mormora con tono estatico.

Sono sul punto di dirgli di non esagerare con l'aria rapita e il tono da Romeo, quando sento una voce alle nostre spalle che chiede: «Ma non eravate come fratello e sorella?».

Giovanni!

La finestra aperta!

Io e Vasco scattiamo in piedi simultaneamente come sparati da due molle del divano.

Il primo a riprendersi è Vasco.

«Era una prova» dice. «Domani sera esco con un'amica di Fra e lei mi stava dando alcuni consigli su come... Be', comunque adesso è tardi e devo andare.»

Accompagno fuori Vasco, lo saluto e raggiungo Giovanni, che se ne sta in piedi a guardare la mia roba ammucchiata in giardino.

«Traslochi?» chiede.

«Noo! Ho deciso di dare una bella ripulita» dico, inghiottendo due o tre volte al minuto. «Metterò dei fiori e... e rinfrescherò un po' la casa... Sai c'è tanta roba qui che in effetti non uso e magari a qualcuno...»

Giovanni annuisce e non dice niente.

«La compro io» dice.

«Cosa?»

«Questa roba. La prendo tutta io.»

«Ma cosa te ne fai?» chiedo.

«Mettiamola così. Visto che non posso avere te, prendo le tue cose.»

Il cuore mi sale alle tonsille.

«Ma... ma chi l'ha detto?» riesco a balbettare. «Chi l'ha detto che non puoi avermi?»

Lui sospira e gira la testa da un lato in quel modo che conosco così bene.

«Hai detto che non hai mai odiato nessuno come me» dice stancamente.

«Dài, lo sai che spesso penso una cosa, ma la esprimo con parole che dicono esattamente l'opposto...»

Sorride.

Per la prima volta da quando è arrivato mi concede uno dei suoi dolcissimi sorrisi.

«Sì, questo lo so» dice.

Poi si avvicina e mi bacia.

Un bacio diverso dai soliti.

Un bacio con cariche di esplosivo.

E intanto io cerco di pensare al mio naso. Lo allungherei di un centimetro per essere baciata così tutta la vita?

Sì, sì, sì, anche di due penso...

Mezz'ora più tardi siamo sdraiati sul letto di casa mia.

«Dovremo fare una lista nozze» dice a un tratto.

«Cosa?»

«La lista. Quando due si sposano ricevono dei regali...»

Calma.

«È una domanda di matrimonio ufficiale?»

«Più o meno.»

«Ma non ci dovremmo pensare ancora un po'?»

«Hai detto che senti già la terza età che avanza» dice sorridendomi. «Meglio sbrigarsi, no?»

«Ti piacerebbe andare in Finlandia per il viaggio di nozze?» chiedo. «Tanti laghi, tanto verde, poca gente... magari incontro Paasilinna e lo intervisto.»

«Perché non stiamo in Italia?» chiede lui. «Magari in Alto Adige, in un albergo isolato...»

«Scherzi? Vuoi andare in un albergo chiamato Drei Zinnen, le Tre Zinne! Ti rendi conto? Non in viaggio di nozze!»

«Hai ragione. Vada per la Finlandia.»

«Penso che riprenderò il mastino con me» dico. «Sono sicura che se ho retto la performance canina di Ginevra, posso reggere anche lui.»

«Che ne dici di un paio di tende belle ampie per le finestre? Non voglio essere spiato dai tuoi vicini o, peggio, dal cane, mentre lavo i piatti. Perché mi toccheranno, vero?»

«Se pensi tu ai piatti, io ti farò dei bei regalini...»

«Mmm... allora ti laverò anche le lenzuola nella vasca.»

«Poi ci vorrebbe un cancello» dico.

«E magari i fili dell'alta tensione» aggiunge lui.

«E dei cartelli tipo quelli di Paperone, con *sciò, pussa via, siamo occupati...*»

«Rischiamo di diventare asociali...»

«Già. Tu ti farai crescere la barba lunga come Babbo Natale e nessuno ti riconoscerà» dico.

«Tu indosserai un abito da prete e nessuno ti guarderà le gambe. Pensi che funzionerà?»

«Nel libro che ho appena finito di scrivere, c'è una storia simile... e, be', lì ha funzionato.»

«Come s'intitola?»

«*Cinque matrimoni e un funerale.*»

«Come il film?»

«Sì, solo che qui ci sono cinque amiche e si sposano tutte.»

«E chi muore?»

«Oh, un ragno, poverino. Ma adesso spegni la luce. Domani te lo faccio leggere.»

Contenuti speciali

Da una conversazione di Mel con un amico

«Mi sono innamorato.»

«La conosco?»

«No, non credo. A essere onesti non la conosco nemmeno io.»

«Capisco cosa vuoi dire. Stai per degli anni con qualcuno, e poi a un tratto questo si rivela molto diverso da come lo avevi creduto.»

«No, voglio dire che non l'ho mai vista.»

«Eh? Scusa, ma allora come fai a dire che ti sei innamorato?»

«Mi ha mandato dei messaggi. E una foto.»

«È carina?»

«Non saprei. È una foto dei suoi piedi.»

«Piedi?»

«Piedi fantastici. Se li vedessi ti innamoreresti anche tu.»

Da un sms di Paolo a Federica

M.p.u.c.
V. u. c. m?
Paolo

Dalla chat, un benzinaio

Benzinaio: Insomma questa viene a far benzina tutti i giorni e io?
Corvo: Cosa intendi per far benzina?
Benzinaio: Il pieno, no?
Corvo: Ah, proprio benzina.
Benzinaio: Perché, c'è anche un altro significato?
Corvo: No, non so, credevo? Va' avanti.
Benzinaio: Insomma, io glielo vorrei dire che mi piace da impazzire, ma non trovo mai il coraggio.
Poeta: Devi usare una frase ad effetto.
Benzinaio: Tipo?
Poeta: Tipo «Vorrei condirmi nella tua polpa pronta.»
Corvo: Forte!
Benzinaio: Dici che alle donne gli piace 'sta roba?
Poeta: Certo, è una metafora. Vuol dire che parli di una cosa per indicarne un'altra. Le donne ci impazziscono per le metafore, la musica, la poesia, le frasi d'amore, i film da piangere.
Benzinaio: Okay, domani ci provo. Poi vi dico.

Dalla confessione di Tommy a don Luigi il giorno prima del matrimonio

«Buonasera padre, vorrei confessarmi.»

«Ma non ti sei già confessato stamattina insieme alla tua fidanzata?»

«Sì, ma ci sarebbe qualcos'altro.»

«Va bene. Dimmi.»

«Ho conosciuto una ragazza.»

«...»

«Giovane, molto bella.»

«Ti sei innamorato di lei?»

«No, assolutamente. Non è proprio il tipo di cui ci si innamora.»

«Perché?»

«Be'... ecco, in realtà è un uomo. Un travestito.»

«E cosa c'entra con te?»

«Mi sta ricattando. Vuole raccontare a Belle che lui è la mia amante.»

«Figliolo, ma cos'hai combinato? Vedi cosa significa essere infedeli? Con un travestito per di più!»

«Ma io non sono mai stato infedele. Non l'ho nemmeno mai baciata! Abbiamo fatto un corso di tre giorni insieme per motivi di lavoro. Eravamo nello stesso albergo e lei una sera è venuta in camera mia... all'inizio ero lusingato... una ragazza bella e giovane che ci prova con me. Lei aveva uno di quei cellulari che fanno le foto, ha presente? Me ne ha scattate un paio nella mia camera, ma erano foto innocenti. Poi io le ho detto di Belle, che era meglio lasciar perdere e lei se n'è andata. Ma in camera sua deve aver continuato con le foto. Sono camere arredate tutte alla stessa maniera. Uno potrebbe pensare che le abbia fatte nella mia... Be', in queste foto lei è nuda. Ed è dalle foto che ho capito che non è una lei ma un lui. Ha dei pettorali possenti e...»

«Santo cielo? Ma tu non sei insieme a lui, no?»

«Ma no, certo che no. Ma cosa importa? Sembra che siamo nella stessa stanza e che lei, anzi lui, si sia spogliato per me, capisce? Mi ha spedito le foto sul computer con un messaggio: "Sono foto artistiche, valgono almeno tremila euro. Al mese".»

«Credo che dovresti parlarne a Belle.»

«Mi ucciderebbe. È gelosissima delle altre donne. Immagini come potrebbe reagire pensando che l'ho tradita con un uomo.»

«Figliolo, non c'è alternativa. Adesso vai da lei, le dici che c'è una persona che vi ha preso di mira, che cerca di rovinare la vostra vita e le racconti tutto come hai fatto con me. Vedrai che capirà. Prima di andare recita otto volte l'atto di dolore.

Ego te absolvo...»

Da un altro sms di Paolo a Fede

Significa:
Mi piaci un casino.
Vuoi uscire con me?

Per fugare ogni dubbio

Il lettore spesso si chiede se ciò che legge sia autobiografico.

Per quanto anch'io abbia paura del dentista e in passato abbia lavorato come corrispondente di un giornale, la storia della protagonista non ha nulla a che vedere con la storia della mia vita.

A riprova:

- ho smesso di essere single a 18 anni e mezzo, età in cui ho conosciuto la mia anima gemella;
- a 35 anni avevo già due figli;
- non ho mai conosciuto un Comandante che fosse finito col motoscafo dentro la Capitaneria;
- i colleghi dei giornali per i quali ho lavorato in passato non hanno nulla in comune con quelli che sono descritti nel libro;
- la mia dentista, la mia parrucchiera e le relative assistenti sono persone simpatiche e oltremodo pazienti.

Altri riferimenti a luoghi e persone vanno ritenuti ciò che realmente sono: elementi di un'opera di fantasia.

Ringraziamenti

Ringrazio Claudia Coccia, editor Piemme, che mi ha seguita sin dalle fasi iniziali, Valeria Marietti e Paola Pisano dell'ufficio stampa, per la disponibilità con cui mi hanno assistita.

Un ringraziamento, inoltre, a tutti quelli che hanno collaborato alla realizzazione del libro.

Stampa: Mondadori Printing S.p.A., Stabilimento NSM - Cles (TN)